新装版

誰もいわなかった
ゴルフの基本

本当に必要なことは
たったコレだけ!!

プロゴルファー
中井 学

PROFESSIONAL
GOLFER
GAKU NAKAI

河出書房新社

はじめに

　ゴルフは「生涯スポーツ」といわれるほど、老若男女を問わず、誰でも気軽に楽しめるスポーツです。

　豊かな自然と一体となった美しいゴルフコースで、ボールを爽快《そうかい》に飛ばす自分の姿をイメージして、「自分もゴルフを始めたい！」と願望を持っている人や、ゴルフ好きの友人たちに勧められて始めようと思っている人は、大勢いらっしゃることと思います。

　でも、何から始めたらいいかがわからない。どんな練習をすればいいのか。コースデビューに向けての準備は何をすべきか。ビギナーの方々の率直な疑問にお答えするのが本書です。

　それも、僅《わず》か1カ月でコースデビューを可能にすることを、私、中井学が保証するゴルフの入門書です。

　また、入門書だけでなく多くのアベレージゴルファーの「ゴルフの原点」にもなる本として構成しており、スコアが停滞したり、思うようなゴルフができなくなったときに、初心を再確認できるものとして執筆しました。

　書店に足を運んでみると気づきますが、様々なゴルフの入門書が陳列されています。でも、どれも内容が難しいように見え、コースデビューの前に沢山のことを身につけ、覚えなければならないといった先入観を持ってしまうでしょう。

ビギナーに、最初にお伝えしたいことがあります。それは**「知識を詰め込みすぎないようにすること」**です。

一般のゴルフの入門書やレッスン書はスイングのメカニックの解説に走りすぎる傾向があり、肝腎な部分にはあまり触れられていないのが残念なところです。極論すれば、無駄な情報が上達を遅らせてしまっているのです。

その点、本書ではコースデビューの前に、「これだけやれば、いいスコアで回れる確率が上がる」という情報しか取り上げていません。ビギナーの方々も「えっ、これだけでどんどん上手くなるの⁉」と思えて、凄く得した気持ちになることでしょう。

ゴルフは「ターゲットスポーツ」であり、スイングのメカニックにはあまり固執する必要はないのです。

目標に向かってボールを打つのが本来の目的ですから、クラブをどう振ろうかと考えるよりも、目標をしっかり意識し、そこに対して構える「方向取り」を第一に心掛けるようにしてください。

そして、第1章で解説しています、〝すぐに上手くなれる「ゴルフの考え方」がある〟ということを理解してください。ゴルフの本質を正しく知っておくだけでも、上達が劇的にスピードアップします。

知識を詰め込みすぎてはいけないというポイントのほかに、もうひとつ大切なのは、コースデビューまでの1カ月間はドライバーを使ってはいけないということです。練習でも１球たりとも打ってはいけません。

経験のある人ならわかりますが、ドライバーはミスしたときのケガが一番大きくて、精神的なダメージを受けやすいクラブです。１球のミスがスコアを壊すこともありますから、心理的にネガティブな方向に働きやすいドライバーの使用は絶対に避けて欲しいのです。初めのうちは、大叩きに結びつきやすいものは手にしないことで、スコアがまとまる確率を高くしたいと思っています。

私はプロコーチとして多くのツアープロやアマチュアゴルファーを指導してきましたが、ビギナーを対象としたレッスン書を発刊するのは、実はこれが初めてです。

１カ月でコースデビューを迎えるには最低限これだけを実践して欲しいポイントを解説していますが、本書を通じて学習したことは将来も変わることはないのです。

技術のレベルアップによって不要になるものはひとつもありませんし、今後のゴルフライフに必ず役立ちます。

本書はいわばゴルフの「原点」です。コースデビューの１冊にとどまらず、どのゴルファーにとっても永遠のバイブルになって欲しいというのが私の願いです。

どうすればピュアなゴルファーたちが練習を重ねるごとに上達を実感でき、ゴルフの楽しさを倍加できるか。中井学が知恵を絞った渾身《こんしん》の１冊を是非お読みください。

中井　学

新装版 誰もいわなかった ゴルフの基本

Contents

第3章

ビギナーでもちゃんと当たるようになる上達練習法

第４章

コースデビューで慌てなくてすむラウンドの手引き

序章

ビギナーの
不安材料を取り除きます

大半の人は「こんなはずじゃなかった」と思うもの

ビギナーが1カ月でコースデビューなんて早すぎると思う方は、きっと多いことでしょう。半年くらい練習を積んでからコースデビューさせるべきだ。トラック1台分のボールを打ってからでも遅くはない。そんな意見もあることと察します。

でも、ビギナーにもできるだけ早くコースでプレーさせたいというのが私の考えです。ミスしたって大いに結構。恥ずかしいことなんてありません。ゴルフ場とはどんな構造になっていて、どんな特徴や特色があるかを早く体験することで、その後の練習内容、上達の過程が変わってきます。

「失敗して当たり前」くらいの気持ちでプレーに臨もう

ゴルフを始めたばかりの人には夢があります。「自分はいいプレーが割とできるんじゃないかな」と、誰もがどこかに淡い期待を抱いています。

でも、実際コースに出てみると、なかなか前に進みません。どんどん置いていかれる自分にパニック状態になることでしょう。

2回、3回とコースに出かけて、「周りの人たちに迷惑をかけているな」と感じた瞬間から、ゴルフの楽しさを失っていきます。

ですから、まず自分をあまり追い込まないようにして頂きたいのです。「ゴルフって楽しい」と思える瞬間だけを記憶にとどめるようにしてください。

１球だけ気持ちよいショットが打てたとか、自然の中で心地よい汗を流して爽快《そうかい》感を味わえたとか、ある程度の気持ちのゆとりや余裕を持ってください。難しいかもしれませんが、ゴルフの楽しさを何か発見して欲しいと思います。

散々な目に遭《あ》って、「もう二度とゴルフなんか行くもんか」と思う人もいるかもしれません。でも、今ゴルフの上手な人を含めて、誰もが最初は悲惨な目に遭っているのです。「楽しいな」と思えた人も中にはいますが、大抵《たいてい》の人は、「ゴルフを舐《な》めていたな」というのが本音のところでしょう。

ゴルフの楽しさを発見して、「次はもっと上手くなってやるぞ！」とポジティブな心境になってもらえたら、この上なく嬉《うれ》しい限りです。

ちなみに私の初ラウンドのスコアは１１８で、２回目は１０５くらいでした。３回目で90が出ました。もっと楽しいことを見つけてみたいという一心からです。

コースデビューにはハプニングがつきものだが、何か楽しさを見出せれば大成功だ

ビギナーの心配事は空振り、ダフリ、グリーン周りを行ったり来たり

コース未経験者でも練習場でボールを実際に打ってみれば、ゴルフはこういうものだとある程度わかってきます。

そこそこ当たるようになった。ボールがある程度真っ直ぐ飛ぶようになった。「よし、行けそうだぞ！」という期待感が当然生まれてきます。

ところが、コースに出たらまったく上手く当たらない。練習場のようにボールが真っ直ぐ飛んでくれない。それは、練習場とコースはまったく条件が異なるからです。

練習場は基本的に平坦な場所ですし、方向を示すマットがあるので、目標に対して真っ直ぐ構えやすくなります。

景色も全然変わらず、精神的なプレッシャーを背負うこともありません。

でも、コースは平らな場所ばかりではありませんし、フェアウェイ上にも大なり小なりの傾斜があるのが普通です。**ティグラウンド以外では平らな場所から打てない**と考えておいたほうがいいくらいです。

おまけにショットごとに景色は変わりますし、練習場のマットのように方向を示してくれるものは何もないのです。1球1球が勝負ですから、状況によっては強烈なプレッシャーにも襲われます。

この経験をまったく積んでいないままコースデビューのときを迎えるのですから、「失敗して当たり前」なのです。いいショットが出たらラッキーくらいに考えてください。

腕を振ろうとすればするほどボールに当たらない

ビギナーの心配事は、空振りやダフリ、グリーン周りを行ったり来たりの３つでしょう。ダフリとはボールの手前の地面を叩いてしまうミスで、これがひどいとクラブヘッドがボールの上をかすっただけに終わり、３～４ヤードしか転がらないチョロが発生します。

　グリーン周りを行ったり来たりするのは、ボールが上がらずライナーになるトップになりグリーンをオーバーしたり、急角度で右に

ボールの手前を叩いてしまうダフリ（右）も、インパクト前に顔が早く目標を向いて空振りする（左）のも、腕を振ろうとするのが原因

飛んだりするケースが多いためです。

なぜ、空振りやダフリ、トップをしてしまうかというと、**腕や手を一生懸命に振ろうとするから**です。

プロや上手い人たちのスイングを観察してみると、腕やクラブを振っているように見えると思います。でもそれは間違いで、みんなそこから入ろうとするから失敗するのです。

第1章でも詳しく解説しますが、クラブを両手で持ち、**体を回すから腕やクラブが「振られる」というのがスイングの真相**です。

それを勘違いして、体を止めて腕だけを振ろうとするから、結果的にインパクトでクラブヘッドが正しく戻ってこないのです。クラブヘッドがボールに届かなければ空振り、ボールの頭をかすればトップやチョロ、届かせようとすると今度はダフリが生じます。

空振りも1打だが、最初はノーカウントを許してもらおう

空振りしては前に進みませんから、とにかくボールを前に打つことを第一に考えます。パターでボールを前に転がすイメージでショットに臨めば、ミスが少なくなります。

ボールを打つ意志を持って空振りした場合は1打と見なされますが、コースデビューにあたっては、プレーに同伴してくれる方々に「ごめんなさい。空振りをノーカウントにして頂けますか」と許しを請いましょう。

そうはいってもできるだけ空振りを回避するためにも、空振りやダフリの出にくいスイングをマスターするための正しい練習法を実践しましょう。

第1章

すぐに上手くなれる「ゴルフの考え方」がある

ゴルフ入門の出発点を間違えると上達が遅れる

今、あなたはゴルフ入門のスタートラインに立っています。ゴルフというスポーツにゴールは永遠にないに等しいのですが、みんな同じように「ゴルフ上達」という目標に向かって出発しようとしています。

しかし、ゴルフの経験がまったくない2人がいたとして、ゴルフの学び方が正しい人とそうでない人とでは、上達の過程やスピードに大きな差が出てきます。

スポーツ経験や運動神経、体の柔軟性などの違いがあるとしても、ゴルフの最初の入り方を間違えなかった人はどんどん上手くなれるのです。

未経験者のほぼ全員が スタートからつまずいている

ゴルフは、スタートから進む方向を間違ってしまうケースがとても多いスポーツです。

間違った方向にどんどん進んでいくと、正しい方向との幅がどんどん広がっていき、途中から修正しようとしても直すのがとても難しいですし、体が覚えてしまったあと、最初のスタートラインに戻るのも困難になります。

最初に進む方向さえ間違えなければ、上達の過程が早かろうがゆっくりだろうが、必ず上手くなります。

どこを間違えるのがいけないのかというと、序章でも述べたように腕や手を一生懸命に振ろうとすることです。

上手い人のスイングを見ると、腕を振っているようにしか見えないため、それを真似て腕を一生懸命に振ろうとしてしまいます。そうすると、手打ちになってしまい、結果としてボールに正確に当たりにくくなります。

間違った動きでも当たるようになるところに勘違いが生まれる

ところが不幸なことに、それを何度も何度も繰り返すうちに、ボールには当たるようになってきます。

その瞬間から、スイングは間違った方向に向かいます。「ちゃんと打てるから、これでいいんだな」と思い込むと、どんどん悪い方向に向かってしまうのです。

やがて大きな壁に突き当たって、そこから先に進めなくなります。迷路にはまり、長いスランプから逃れられなくなり、とても憂鬱《ゆううつ》な悩みを抱えてしまうことにもなりかねません。

そうなったら、ゴルフを心から楽しめなくなるのは目に見えています。

早く上達するためには、ゴルフの本質を理解し、目標に向かって道を踏み外すことのないように、ゴルフを正しく学ぶ心構えを持つことが大切です。

さあ、もう一度襟《えり》を正す気持ちになってスタートラインに立ちましょう。

ゴルフにボールを上げる動作はひとつもない

ゴルフの未経験者がスタートラインから間違った方向に進んでしまう要因のひとつに、「ボールを上げよう」とする点があげられます。

最初に知って頂きたいのは、**ゴルフクラブはボールが上がるようにつくられている**ということです。

正しくスイングし、ボールを打ちさえすればボールは自然に上がります。ですから、自分で上げようなんて絶対に考えてはいけません。上げる動作をした瞬間、あなたのスイングは正しい方向とは真逆に向かってしまうことになります。

練習場に出かけると、みんなボールが高く上がっていますね。でも、これを最初から真似ないことです。

あれはきちんと打てるようになった結果、高く上がっているだけです。クラブの性能を正しく活用できる人たちが上がる球を打てるようになっただけで、自分で意識的に上げているわけではないのです。

クラブのロフト角がボールを上げてくれる

もう少し詳しく説明しましょう。クラブには「ロフト角」と呼ばれるフェース面の傾斜角があって、この角度はクラブごとに異なります。ロフト角がもっとも小さいのがパターで3度前後しかありません。なぜなら最初からボールを転がすためのクラブだからです。

次にロフト角が小さいのがドライバーで大体9～13度くらいです。ボールを遠くに飛ばすためにシャフトがもっとも長く、速く振れるようにクラブの重量が軽くなっています。

そして、3番ウッド、5番ウッド、5番アイアンから9番アイアン、ピッチングウェッジ、サンドウェッジと短いクラブになるにしたがってロフト角が大きくなります。

ドライバーのようにロフト角の小さいクラブほどボールの打ち出し角が低く、サンドウェッジのように56～58度とロフト角の大きいクラブほどボールが高く上がりやすいのです。

そのクラブの目的に応じたロフト角があるわけで、スイング自体はとくに変えなくてもドライバーで打てば低く遠くに飛んでいく球になるし、サンドウェッジで打ったら高く上

ロフト角とはフェース面の傾斜角のこと。ゴルフクラブはこの角度によってボールが上がるようにつくられている

がって距離があまり出ない球となります。

　こうしたロフト角の性質を無視して、自分でボールを上げにいこうとすると、ダウンスイングで右肩が下がり、上体が右に傾いてしまいます。結果的にクラブフェースが正しく戻らず、ボールの手前の地面を叩いてダフリやチョロになったり、フェースの刃がボールに直接当たってトップが生じたりします。

　クラブヘッドをボールに向かって上から当てることでロフト角どおりにボールが上がり、目標に向かって飛んでいくのです。

前に転がす気持ちで打てば ボールは逆に上がりやすくなる

　ともかく「ボールを上げよう」とか「上げたい」といった意識を完全に捨て去ることで今後の上達の度合いが大きく変わります。

　練習場のインストラクターがレッスンするスクールなどでは、ドライバーは難しいから、ドライバーとサンドウェッジのちょうど中間の7番アイアンでスイングの基本から教えるというスタイルが主流です。

　それを否定するつもりはありませんが、現在の7番アイアンはロフト角が昔よりも少なめでボールがやや上がりにくくなっています。まったくの初心者にはちょっとハードルが高いので、9番アイアンがベストでしょう。9番アイアンは正しいスイングをすれば、ボールがある程度上がってくれて、しかもボールがつかまりやすいクラブといえます。

「前に転がればいい」と割り切って低く転がす感覚で練習をすると、ロフト角の役割が早く理解できます。

自分でボールを上げようとするとダウンスイングで上体が右に傾いてしまい、
ボールを正確にヒットできない

ボールを低く転がすくらいの気持ちでスイングすれば、クラブヘッドが上から下りてきてボールを正しく打てる

左手のグローブに線を書き込んで正しい握り方を覚えよう

ゴルフの入門書を見ると、最初にクラブの持ち方や構え方を解説しています。

クラブを持つ部分を「グリップ」といいますが、このグリップは体とクラブをつなぐ唯一の接点ですから、正しく握ることが重要なポイントとなります。両手の握り方ひとつで、スイングが良くも悪くもなるので大切です。

構え方である「アドレス」はクラブを持つときの姿勢のことで、クラブを正しく、かつスムーズに振るための準備姿勢でもあります。

バランスの悪い姿勢ではクラブヘッドが描く軌道が安定せず、インパクトでボールを正確にとらえられなくなります。

グリップの握り方を最初から難しく考えない

そうした観点からいえば、ゴルフ入門の最初にグリップやアドレスを覚えるのはとても重要なことです。

でも、私が残念に感じるのはグリップの握り方の何がもっとも肝要で、アドレスのつくり方の何が一番重要であるかの解説がほとんどなされていないことです。

つまり、グリップやアドレスのつくり方がマニュアル的に説明されているだけで、ビギナーにはとてもわかりづらいのです。

グリップの握り方にはスクエア、ストロング、ウィークがあり、また手のひらのどの部分で握るかによってフィンガーグリップとパームグリップに分類されます。

でも、最初からそんな難しいことに縛られる必要なんてありません。経験を通して少しずつ覚えていけばいいことです。

歯ブラシを持つように指に近い部分でグリップを握る

では、何をすればいいかというと、左手のグローブ（なるべくなら白がいい）のグリップを当てる部分に２本の線を書き込んで、左手を握るときはグリップをその線に当てて握るようにしましょう。

線を書き込むのは指の付け根の部分です。野球のバットを持つときのように手のひらで握るのではなく、**歯ブラシを持つように指に近いところで持つ感覚です。**

手の大きさや指の長さには個人差がありますが、このように指の付け根の部分で握れば左手の甲がやや上を向き、グローブのマークが自分で見えるはずです。

指に近い部分で握ることで左手に力を入れなくてもしっかりと握れて、フィット感が生まれます。

左腕を自然に下げて左手をグリップしたときに、つねに左手グローブの甲の部分にあるマークが見えるように握る習慣をつけてください。

グローブのマークが見えないようでは、左手の握りが浅すぎてクラブがスムーズに振れませんから注意しましょう。

グリップを当てる部分に線を書き込んでおく

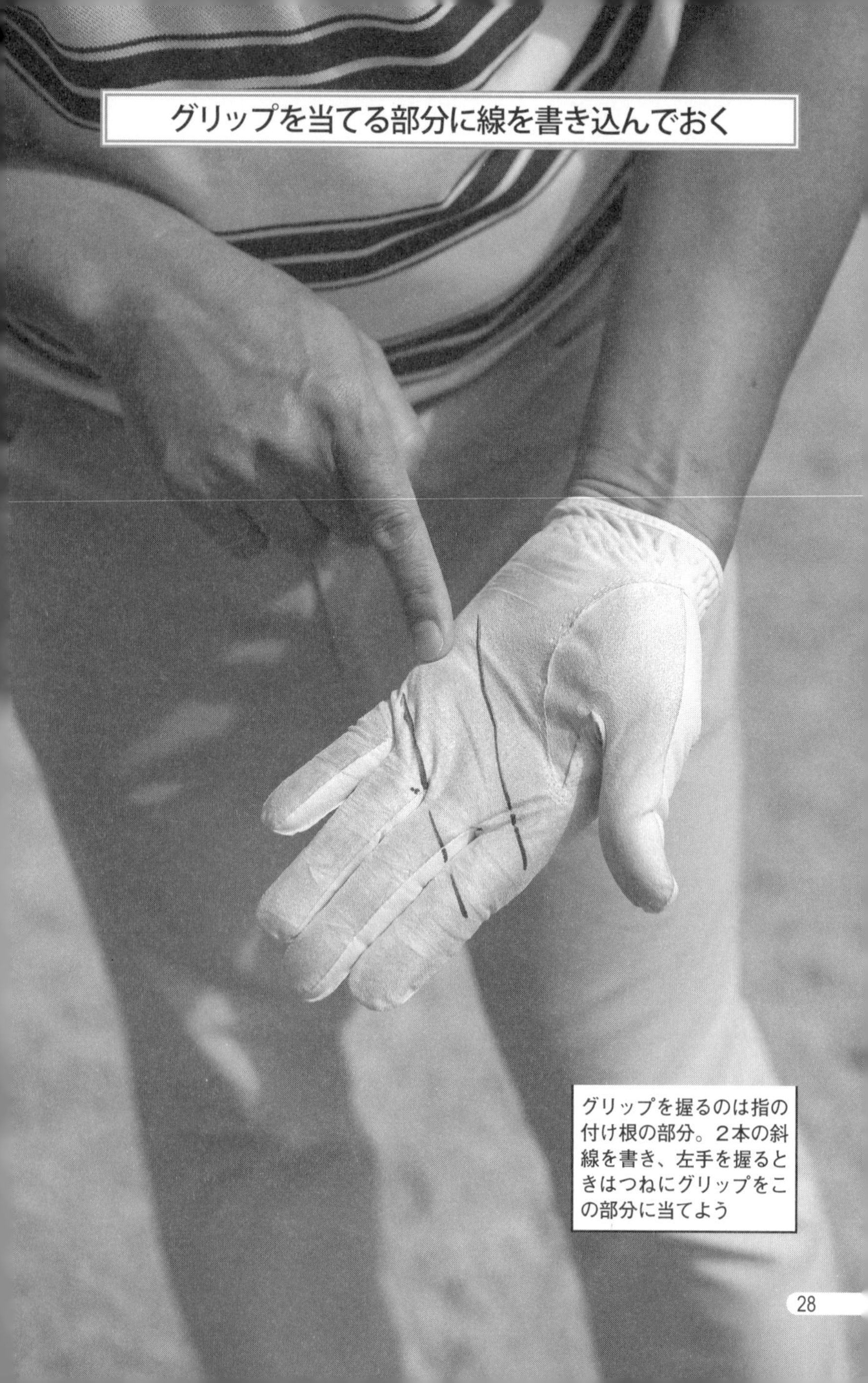

グリップを握るのは指の付け根の部分。２本の斜線を書き、左手を握るときはつねにグリップをこの部分に当てよう

左手グローブのマークが自分で見える

左手の指の付け根の部分で握ると、結果的に左手の甲がやや上を向くグリップとなる。この握り方を習慣づけよう

右ヒジを軽く曲げてから右手グリップをつくる

左手グリップの次は、右手のグリップです。右手の場合も指に近い部分で握る感覚となります。右手を写真のように握ればいいということではなく、握るときに注意して頂きたいポイントがあります。

それは、「右ヒジを軽く曲げた状態で右手を握る」ということです。

まず左手グリップを完成させたら、今度は右腕を自然に下げてリラックスさせます。そして、右ヒジを下に向けて右ワキに近づけるようにして軽く曲げましょう。

その形のままで右手のひらをグリップに当てて、右手を握ります。

こうすると右手を浅めに握る感覚となり、左手の甲と右手のひらが同じ方向を指すことがわかるはずです。

ビギナーが違和感なく握るなら ベースボールグリップが一番

左手グリップは指の付け根の部分で握る。右手グリップは右ヒジを軽く曲げた状態でつくる。守るべきポイントはこの2つだけです。

グリップの種類として右手の小指を左手の人差し指に重ねるオーバーラッピンググリップ、右手の小指を左手小指に絡めるインターロッキンググリップ、右手と左手を離して握るベースボールグリップがありますが、握り方はどれでも構いません。

ただ、ビギナーにとっては、オーバーラッピンググリップやインターロッキンググリップはどうしても違和感が拭えないことでしょう。

ゴルフの経験を積んでグリップの握り方を改良していけばいいのですから、最初のうちはベースボールグリップがベストといえます。左手の親指をグリップの真上に添えて、あとは右手の指の付け根の部分にグリップを当てて握るだけですから簡単です。

ベースボールグリップは、別名「ナチュラルグリップ」といわれるくらいですから、ある意味自然な握り方ですし、ビギナーにとっても一番馴染みやすいのではないでしょうか。

右手の使いすぎはスイングの軌道を不安定にする

左手のグリップは小指、薬指、中指の３本を中心にしっかり握っておきますが、右手は中指と薬指の２本でグリップに巻きつける感じで握りましょう。

バット握りのように右手のひら全体でグリップを握ると、力が入りすぎてしまいます。また、右利きの人はどうしても器用なほうの右手を使いすぎてしまいがちですが、右手に頼ってスイングしては、左手グリップの「緩み」が生じやすく、クラブヘッドの軌道が乱れてしまいますから注意してください。

体とクラブの唯一の接点であるグリップに、緩みは絶対に禁物です。両手に一体感が感じられるようにバランスよく握りましょう。

右ヒジを軽く曲げてから右手のひらをグリップに添える

右腕の力を抜き、右ヒジを下に向けて軽く曲げた状態で右手のグリップをつくることが一番大切なポイント

左手の甲と右手のひらが同じ方向を指せばＯＫ

3

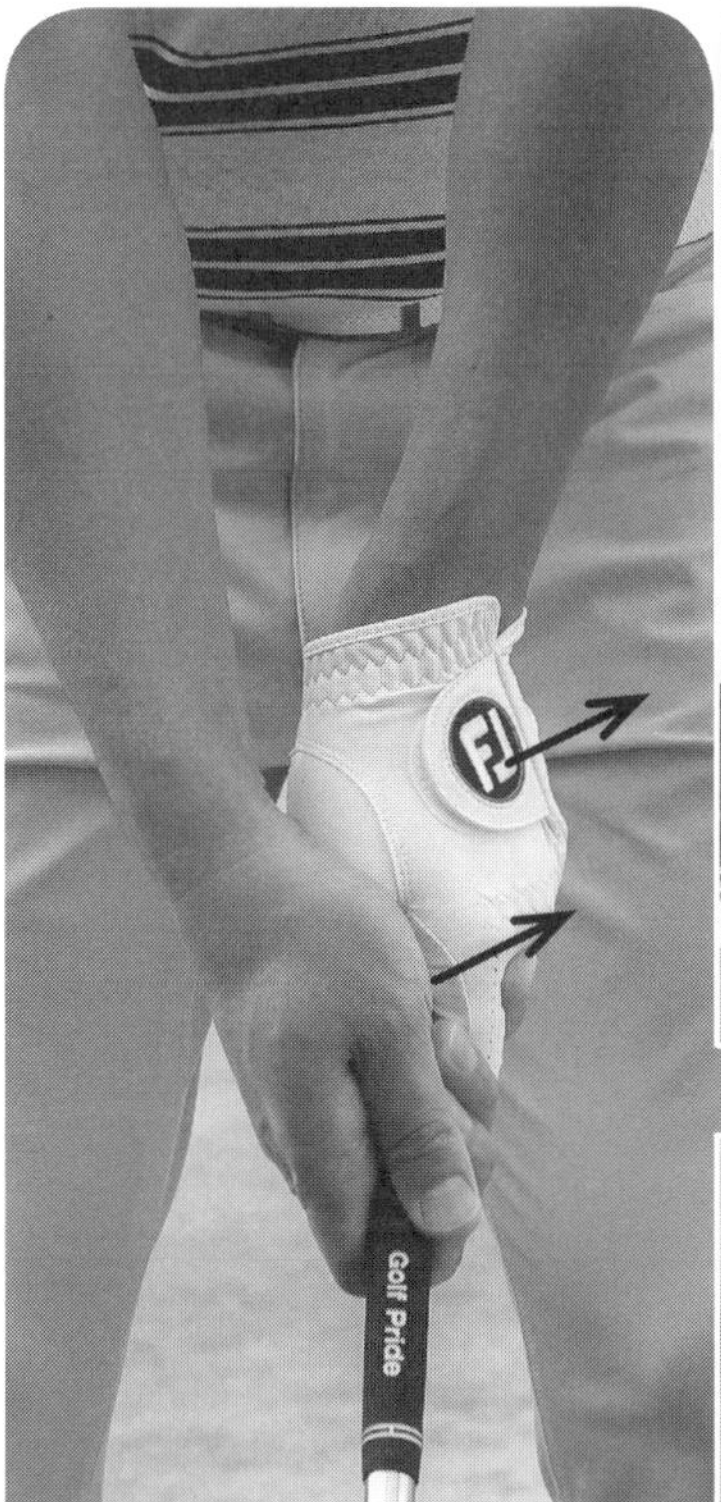

右ヒジを曲げておくことで右手のひらがやや上を向き、左手の向きと同調するため、両手の一体感が得られやすい

左腕が伸びて右腕が曲がっているセットアップが肝心だ

アドレスはクラブを気持ちよく振れ、同時にボールを正確にヒットするための姿勢でなくてはなりません。

バランスのいいアドレスをつくるための要素はいくつかありますが、ゴルフをこれから始める人たちに守って頂きたい絶対的なポイントをひとつだけ取り上げたいと思います。

それは、**「左腕が伸びて右腕が曲がっている」というセットアップを実行する**ことです。

左腕を伸ばしておくこと以上に、右腕を曲げておくことが重要ですが、その理由としては理想的なインパクトには右腕が曲がっていることが絶対条件だからです。

右ヒジが突っ張った構えがスイングをおかしくしてしまう

インパクトというクラブフェースがボールをとらえる瞬間に、パワーをボールに効率よく伝達するには、右腕が曲がっていなくてはなりません。

ボクサーのストレートパンチのように、相手の顔面をヒットする瞬間は右腕が曲がっていて、**ヒットしてから右腕が一気に伸びていくのが理想的な動きです。**

逆にヒットした瞬間に既に右腕が伸び切っていてはパワーが半減して、相手へのダメージも小さくなってしまいます。

それとまったく同様で、インパクトの体勢をイメージして、アドレスの段階から右腕を曲げておくことが大切です。

ところが、経験者も含めて大半のゴルファーは右腕を曲げられないままでいます。右ヒジが突っ張っているからアドレスの姿勢のバランスが悪くなるし、ドライバーのスライスがなかなか直らない、アイアンでダフリやトップ、シャンクなどのミスが発生してしまうのです。

両ヒジの間にクラブを通して右腕の位置をチェック

右手のグリップをつくるときは右ヒジを軽く曲げておくことは前項で解説しましたが、これがそのままアドレスのもっとも重要なポイントに直結していることは、もうおわかりでしょう。

これだけを守っておき、つねに実行できるようになれば、それだけでゴルフのレベルを大きく前進させることができます。後々で苦労することもありません。

アドレスに関しての他のポイントが上手くできていなくても、心配することはないのです。

自己チェック方法としては両ヒジの間にクラブ、またはポールを差し込んで、左腕はクラブの上、右腕はクラブの下となるように構えられるかどうかを確かめるといいでしょう。

アドレスで右腕が曲がっているか、それとも伸びているかが、今後の上達の大きな分岐点であることを知ってください。

左腕が伸びていて右腕が曲がっているのがアドレスの肝

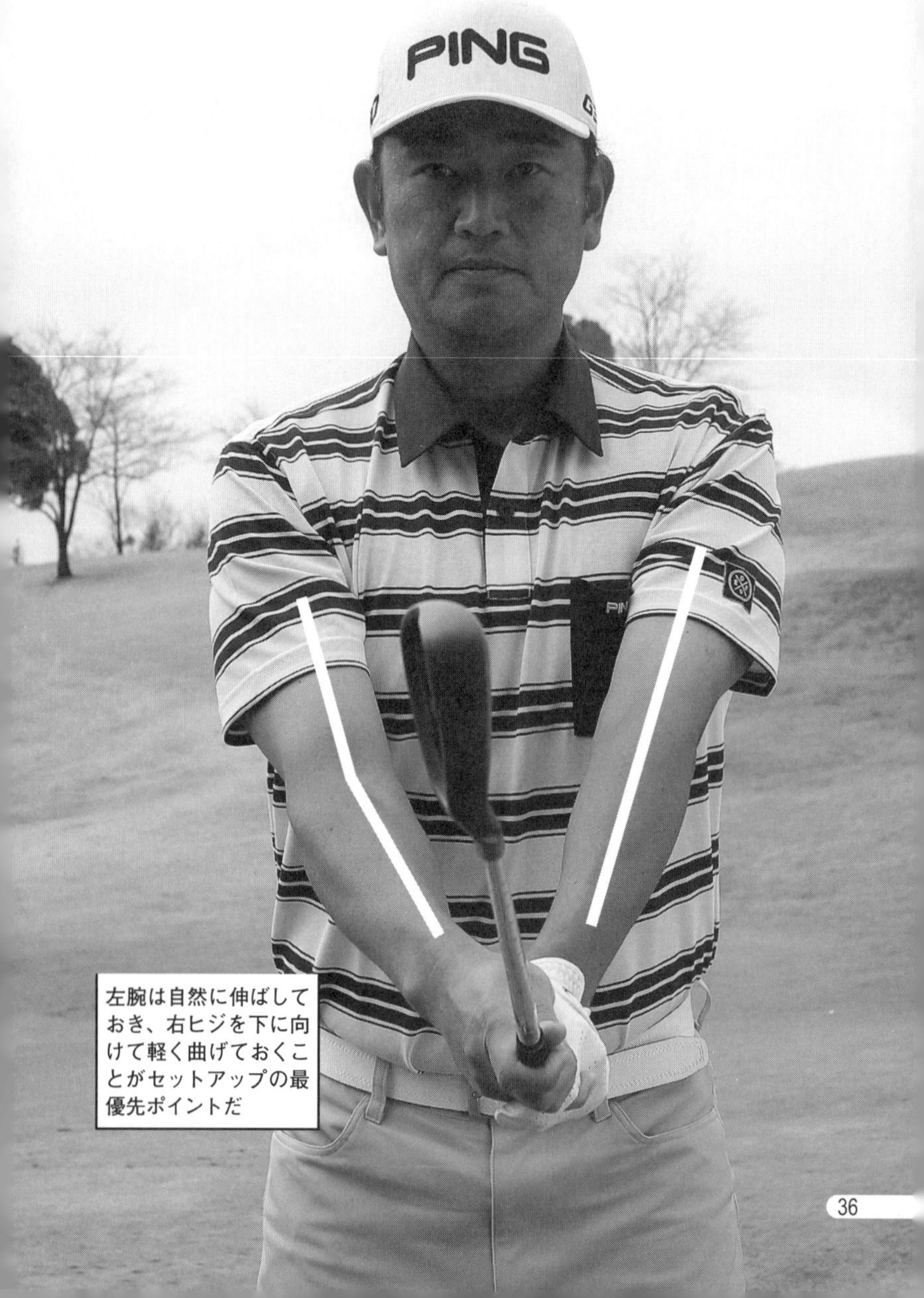

左腕は自然に伸ばしておき、右ヒジを下に向けて軽く曲げておくことがセットアップの最優先ポイントだ

インパクトの形を想定して右腕を曲げて構えよう

ボールにパワーを効率よく伝達できるようなインパクトフォームをイメージし、右腕を曲げたアドレスをつくることが大切

右ヒジが伸びると右肩が前に出てしまう

最初から右腕を伸ばして構えると右肩が前に出てしまい、様々なミスショットを誘発することになるので注意が必要だ

両ヒジの間にクラブを通してアドレスチェック

左腕がクラブの上となり、右腕がクラブの下となるのが正しいアドレスの絶対条件。
こうした姿勢で構えることを習慣づけよう

両腕を胸の前に組み、胸を左右に回そう

　ビギナーがスイングをつくっていく過程で、インストラクターや経験豊富なゴルファーからは、「しっかり腕を振りなさい」とか「肩を大きく回しましょう」などとアドバイスされることでしょう。

　まず、腕を振るという内容ですが、序章でも述べたようにこの解釈は間違いです。体の回転が先にあって、腕やクラブは体の回転にしたがって振られるのです。

　肩を回すという表現にしても、正しいようでいて実は曖昧《あいまい》です。「左肩を深く回しましょう」とか「アゴの下に左肩を入れましょう」「右肩を後ろに引きましょう」などと教える指導者もいますが、肩ばかりに目がいくと間違った動きになりかねません。

　肩は腕とつながっていますから、誤解して腕や手を使いすぎることにもなります。

　肩よりも胸を意識してください。両腕を胸の前で組み、バックスイングで胸を90度くらい右に向けましょう。そこから今度は胸を左に１８０度回すのです。

　右向け右と左向け左の要領で、胸の左右の回転を繰り返してください。

　結果的に肩が自然に回転しますが、肩よりも胸のほうに目を向けることで体がスムーズに回転しやすいことが実感できるでしょう。

前傾姿勢をつくり、胸を右に 90 度回そう

胸を右に 90 度回した位置から、今度は左に１８０度回転する

胸を左に回すのはダウンスイング以降の動作

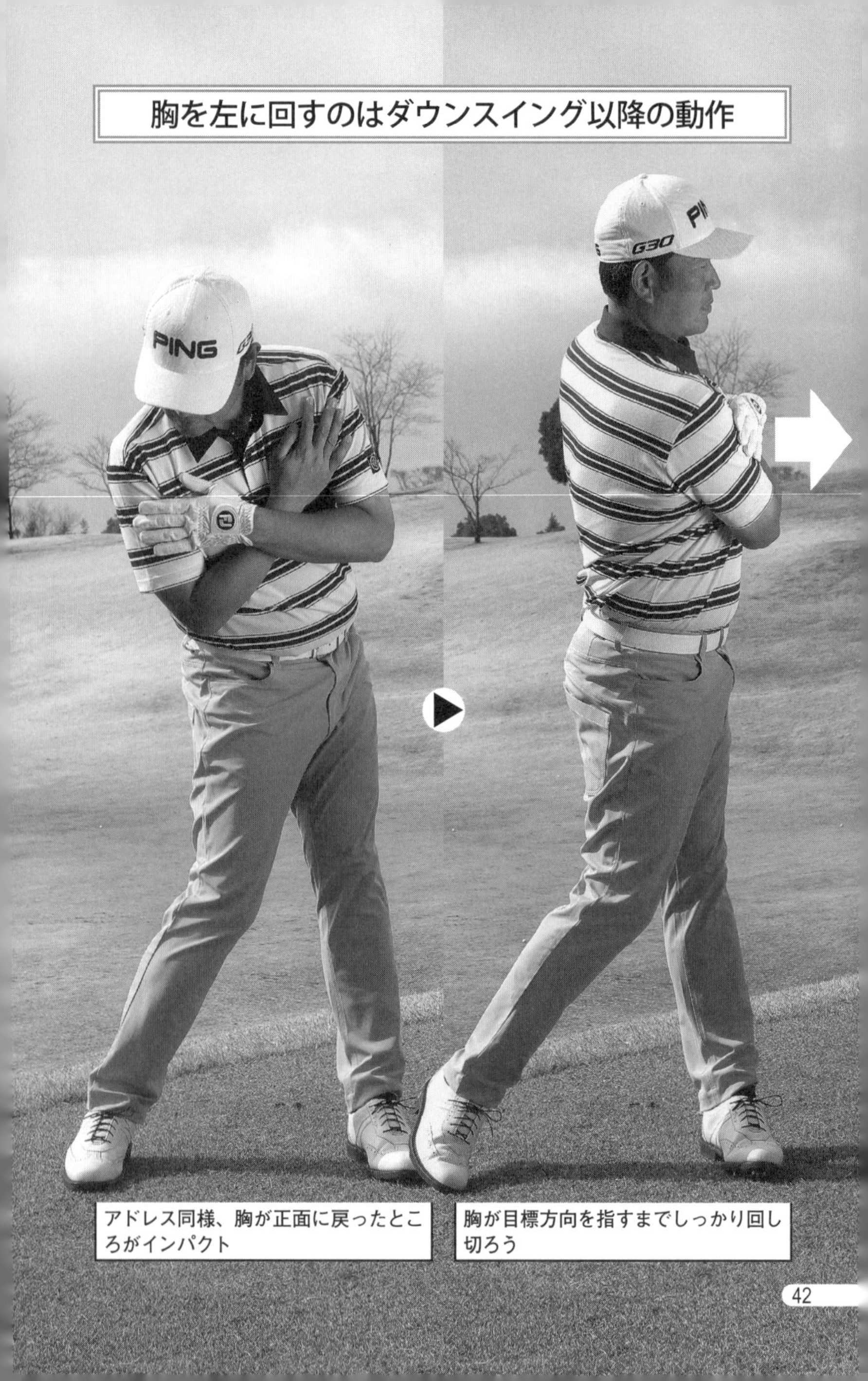

アドレス同様、胸が正面に戻ったところがインパクト

胸が目標方向を指すまでしっかり回し切ろう

胸を右に回すのがバックスイングの基本動作

両手を胸の前で組むのがニュートラルの姿勢

背中が目標方向を指すくらいまで胸を十分に回す

両腕を象の鼻のようにブランブランと振ろう

スイングづくりの第１段階として、まず胸を左右に回す動きを覚え、第２段階として、腕を左右に振る動きの練習をしましょう。

腕は自分の意図で振るものではありません。この練習を通して、体の回転によって腕が振られることを体感するのが狙いです。

胸を象の頭とすれば、腕は象の鼻のイメージです。両足を広げて立ち、体重を右足に乗せながら胸を右に回しましょう。すると両腕が後からついてくるように勝手に振られる感じがわかるでしょう。

両腕が右側に振られたら、今度は体重を左足に乗せて胸を左に１８０度回します。同じように腕が象の鼻のように振られることが体感できます。

この動きを左右連続で続けているうちに、胸の回転と腕の振りの時間差の感覚がつかめてきます。**この時間差が、腕が振られることの真相です。**

腕が振られることを先に覚えれば上達が早い

自分で腕を振らずに、胸の回転を主導させて腕が振られることによって、スイングのメカニズムがシンプルになります。肩や腕、手に余分な力が入ることがないし、体の動きに無駄がないため、反復性や再現性が向上してスイングが安定します。

胸の回転よりも先に腕を振ろうとすると、腕や手に力が入りすぎたり、グリップが緩んだりしやすいのです。

器用な手を使うことでクラブヘッドの軌道が逆に安定しにくくなり、ミスショットを誘発してしまいます。

下半身主導の動きなら反復性や再現性が高い

要するに**スイングの動力となるのは腕や手ではなく、お尻周りや脚などの大きな部位**です。フットワークを使いながら胸を左右に回す動きは下半身主導といえます。

動きの主体である強くて太い筋肉は、器用な腕や手ほど神経が繊細ではなく、どちらかといえば不器用です。不器用ということはそれだけ動きが一定しやすくて、反復性や再現性が高くなる利点があるのです。

最初のうちはどうしても「腕を振ろう」とか「クラブを振ろう」としがちです。中には下半身が完全に止まったまま、腕だけを振ろうとする人もいます。

自分で腕を振ろうとする癖がついてしまうと、修正が難しい場合があります。最初でつまずかないためにも、胸を左右にしっかり回して、象の鼻が振られるように、両腕が振られる練習をしっかり積んでください。リズム感のいいスイング、きれいでダイナミックなスイングをマスターする上でも重要なことです。

両腕が象の鼻のように振られる感覚をつかもう

胸を左に１８０度回せば、腕が遅れてついてくることがわかる

胸をもう一度右に回し、同じ動作を繰り返そう

下半身主導で胸を左右に回し、腕は遅れてついてくる

両腕を象の鼻のようにだらんと下げて、先に胸を右に回す

胸を大きく右に回す動きにつられて腕が大きく右に振られる

クラブが振られる感覚をマスターしよう

胸の回転によって両腕が振られる感覚をつかんだら、今度は実際にクラブを持ってスイングしてみましょう。

左手グリップを指の付け根の近くで握り、右ヒジを軽く曲げた状態で右手を握って、アドレスの姿勢をつくります。

この練習ではアドレスを正しくつくるよりも、象の鼻のように腕が振られる感覚そのままにスイングすることが目的ですから、アドレスは軽い前傾姿勢をつくる程度で十分です。

アドレスの姿勢をつくったら、体重を右足に乗せながら胸を右に90度回していきます。するとと腕とクラブが遅れて上がっていくことがわかります。

自分では腕や手を動かしていないつもりでも、自動的にトップオブスイングのポジションに近い位置までクラブが上がります。

胸を左右に回し続けて連続素振りを繰り返そう

今度は体重を左足に移動して胸を左に回しましょう。時間差によって腕とクラブが遅れて下りてきて、クラブヘッドが加速してフィニッシュのポジションに近い位置まで自然に振り抜かれます。象の鼻のイメージで腕を振ることができれば、クラブの動きが体感できます。

振り幅はあまり大きくしなくても構いませんから、このように胸を左右交互に回し、トップオブスイングとフィニッシュの間を往復させるように連続して10～20回ほどの素振りを繰り返してください。

素振りを反復しながら、クラブヘッドがどこを通過するかをチェックしましょう。鏡に映してみて体の動きやクラブヘッドの軌道を確認すればよくわかりますが、これだけで経験豊富なゴルファーのスイングのように見えるものです。

体を止めて腕を一生懸命に振ろうとするスイングとは、雲泥の差であることに気づいて頂ければと思います。

下半身を止めて腕だけを振ろうとすると、スイングの再現性に乏しく、上達に直結しない

腕と一緒にクラブが振られる感覚をマスター

無駄な動きの省略化で、きれいなスイングに見えることがわかる

胸を先に回してクラブが振られる感じをつかもう。連続素振りを繰り返し、クラブと腕の時間差の動きを理解する

振り戻すときも、胸を先に右に回して、腕とクラブが遅れて下りてくる

ボールの位置は心臓の前を基準と考える

ボールをどこに置くかは、クラブヘッドがどこを通過するかを見ればある程度の目安がつかめてくるでしょう。

ボールの位置は基本的には左ワキの前ですが、左ワキを基準にするとちょっと難しいので、**心臓の前あたりにボールがあればOKと考えてください。**

心臓の前を目安にすれば、左ワキの前よりもやや内側にボールを置く感覚となります。ボールを上げない意識を持って、腕を象の鼻のイメージで振っているうちは、やや内側に置くのが合理的といえます。

ボールを打つ練習では9番アイアンからスタートし、コースデビューに備えて7番アイアンと5番ウッドも練習しておきます。

ボールを心臓の前に置くのは7番アイアンや5番ウッドでも同じです。P.54のアドレスの写真を比較してみればわかるように、構えの姿勢はほぼ同じです。

違いといえば5番ウッドのようにシャフトが長いクラブほど両足の間隔がやや広くなり、ボールから離れて立つという点だけです。

慣れないうちは9番アイアンと5番ウッドではアドレスの感覚がまったく違って感じられますが、持つクラブによってアドレスの姿勢を自然につくれるように繰り返しましょう。

ボールの位置は心臓の前あたりであればＯＫ

本来、ボールの位置は左ワキの前が基準だが、ボールを上げない意識を持って練習に取り組むには左ワキの前よりもやや内側が適している

長いクラブほどスタンスの幅が少し
広くなり、ボールから離れて立つが、
ボールの位置は共通だ

第2章

シンプルなスイングほど カッコよく見える

カッコいいスイングに基本が詰まっている

「ゴルフの基本」といってしまうと、ビギナーの方々にはやるべきことが多くありそうな先入観が働き、難しく感じるかもしれません。大変さを感じることにより、ときにはセオリーを無視したくなることもあるでしょう。

でも、基本に忠実であれば、それが一番カッコよく見えるのも事実です。ゴルフはシンプルに見えれば見えるほど、カッコいいスイングになります。

基本を守るシンプルさを追求することが、カッコいいスイングづくりにつながります。無駄な動きを極力省いていけば反復性や再現性が高まり、インパクトの正確性がアップしますから、上達の近道にもなります。

あれこれと知識を詰め込むよりも、どんなことが本当に大事なのかを理解してください。そんなわけでこの章においても、ビギナーの方々に最小限度の重要ポイントを取り上げています。

腕やクラブの正しい動きのイメージづくりも必要だ

テークバックで両手やクラブが右腰くらいの高さに上がったときは、腕や手、シャフトが視界に入っています。腰くらいの高さの振り幅でスイングするなら、自分の視野から腕やクラブはあまり外れませんが、クラブの先端部であるクラブヘッドばかりを目で追うのはなるべく避けましょう。

胸の回転で腕やクラブが勝手に振られるのですから、腕やクラブの動きを目で確認する必要はありません。

最終的には腕やクラブの動きを逐一チェックしなくても、胸の回転によって正しく振られるようになることがよいのですが、ビギナーの場合、正しいスイングをすれば、腕やクラブがこのように動いて見えるというイメージを頭に入れるのも大事なことになります。

そのイメージを練習で把握するのに役立つのが、P.66から説明する**「インパクトゾーン素振り」**とP.76から説明する**「水平素振り」**です。

2つの素振りにはゴルフスイングの覚えるべき基本が集約されています。しっかりマスターしておけばスイングづくりに大きく役立つし、シンプルでカッコいいスイングが早く身につきます。

それ以外の素振りは一切やらなくて結構ですから、練習はこれに絞ってやってみましょう。

動きがシンプルなほどカッコいいスイングに見えるし、上達も早い

手を安定させておき、一重振り子の感覚でスイング

　ゴルフのスイングは、振り子のイメージに置き換えることができます。スイングの支点となるのは首の付け根と左の肩甲骨ですが、作用点であるクラブヘッドが速く動けばいいだけで、手を速く動かすのは無意味なのです。

　仮に手を支点にして、腕や手をビュンビュン振ったところで、肝心のクラブヘッドのスピードは上がりません。それればかりではなく、クラブヘッドの軌道が大きく波打ってボールを正確にヒットできなくなるのです。

　バックスイングで手首を屈曲する動作が加わり、ダウンスイングでクラブヘッドが遅れて下りてくることでタメが生まれます。象の鼻のように腕が勝手に振られるのですから、体の回転と腕の振りに時間差が生まれるわけです。

　このように説明すると、スイングの支点が2つある二重振り子のイメージが浮かぶかもしれませんが、二重振り子的な動きは自然に発生するものなのです。

腕や手を固定しておいて一重振り子のイメージで振る

　大事なのは「手を安定させておいて、体を速く回転させる」ことで、手を動かす必要は

まったくないのです。

目指すべきは一重振り子のイメージのスイングです。手を支点と考えずに、首の付け根と左の肩甲骨を支点にして、胸を左右にスピーディに回すことです。

腕や手を振らないということは、手を固定することでもあります。

グリップの握り方の基本が守られていれば、あとは握り方の形を細かく考えなくても結構です。それよりも**両手に敏感な動作ができるようにしないことが大切です。**

肩から先には体の全神経の8割があるといわれますが、手に繊細なフィーリングを出そうと考えないことです。腕の筋肉は下半身に比べるとずっと弱いですから腕や手に頼った瞬間にボールが飛ばなくなりますし、左右に曲がってしまうのです。

グリップが緩まないように両手を隙間なく握ることが大切

グリッププレッシャー、つまり両手の握りの強さも重要なポイントとなりますが、その部分も鈍感であるのがベターです。

両手の握り加減は強すぎても弱すぎてもいけませんが、最近の傾向としてはグリッププレッシャーが強すぎるよりは、弱すぎるためにスイングが安定せず、ミスしてしまう人が圧倒的多数です。

どうしてそうなるかというと、両手の握りに隙間があるためにグリップが緩んでしまうからです。とくにトップオブスイングやインパクト、フィニッシュでグリップが緩まないように、両手を隙間なく握ることを心掛けてください。

スイングは一重振り子のイメージ

首の付け根と左の肩甲骨を支点と考えて、作用点のクラブヘッドが速く動けばいい

手にも支点を置いて、手を速く動かそうとすると二重振り子の動きになってしまう

両手に隙間があるとトップオブスイングでグリップが緩み、フォームが安定しないので注意

フィニッシュでもグリップが緩んではいけない。両手に一体感が感じられるように握ろう

重心を土踏まずに乗せてバランスのいい姿勢をつくる

アドレスの姿勢では、バランス感覚が重要です。重心がツマ先側やカカト側に寄りすぎてはいけませんし、前傾姿勢が浅すぎたり深すぎたりしてもバランスの悪い姿勢になってしまいます。

まずは両足を肩幅くらいに広げて、体重を左右均等に乗せましょう。そしておじぎをするように腰の付け根から上体を折りながら両ヒザを軽く曲げます。その姿勢から両腕を自然に下げて、両手でクラブを持てばアドレスの姿勢ができ上がります。

結果的に重心が土踏《つちふ》まずに乗れば、バランスのいい構えとなります。親指の付け根の膨らみの拇《ぼ》指《し》丘《きゅう》と呼ばれる部分に重心を乗せるという人もいますが、これを意識するとツマ先体重になりすぎる傾向がありますから、**「重心は足の真ん中に乗ればＯＫ」**と考えてください。

背中のラインに沿って骨盤も前傾させることが大事

アドレスの姿勢のつくり方がわかりにくいようなら、クラブを肩に担《かつ》いだ姿勢から前傾姿勢をつくるといいでしょう。

胸をちょっと張った状態で、おじぎをしな

がら両ヒザを軽く折れば、背中のラインがきれいに伸びた前傾姿勢ができ上がります。ここで重要なポイントとなるのが、背中のラインとお尻のラインが真っ直ぐに見えるように骨盤も前傾させることです。

　腰が立って背中だけ丸めて構える人が多くいますが、これでは体の回転がスムーズにいきません。**背骨と同じように骨盤にも前傾角度をつくることが大切です。**

　アドレスはクラブを気持ちよく振るための準備姿勢ですから、スイングづくりの練習に励むのも大いに結構ですが、アドレスをつくる練習も是非実行してください。

　ボールを打つ必要がないので、自宅で鏡を見ながらアドレスの姿勢のバランスがいいかどうかをチェックする習慣をつけると、上達に大きく役立ちます。

重心は土踏まずに乗せる。足の真ん中に体重が乗ればＯＫと考えよう

クラブを肩に担いで前傾姿勢をつくろう

胸をちょっと張った姿勢からおじぎをしながら両ヒザを軽く曲げる。両腕を自然に下げてクラブを持てば、アドレスが完成

背中とお尻のラインが真っ直ぐとなる

背骨と同じように骨盤も前傾させることが大切。結果的に下半身に安定感が生まれ、重心が土踏まずに乗る

インパクトゾーン素振りでクラブの動きを理解

手を体の正面で固定しておき、胸を右に回してバックスイング、そこから胸を左に回してダウンスイングし、フォロースルーへと向かいます。

腰よりも低い振り幅で腕やクラブは絶対に背後にいかない

この練習ではクラブは腰よりも高く上げませんから、両手やクラブがつねに視界に入ります。ということは、この振り幅においては腕や手、クラブが自分の背後にいく動きは一切ありません。

インパクトゾーンというのは腰、またはヒザくらいの高さの振り幅のことで、この扇状の区域がスイングのもっとも重要な部分です。

インパクトを「点」として考えると、ボールを正確にヒットするのが難しくなりますが、インパクトを「ゾーン」、つまり長い線とイメージすることでインパクトが安定します。

クラブヘッドがこの扇状の区域で正しく速く動けば、ボールが狙った方向に飛んでいきますし、飛距離も出るのです。

インパクトゾーン素振りは、扇状の区域でクラブヘッドを正しく動かすイメージを覚えるための練習です。

通常のスイングでは、バックスイングでもフォロースルーでも、腕や手が自分の体よりも前に見え、スイング中は腕や手、クラブがつねに体の正面に保たれていることが重要です。

ところが、テークバックの際に手やクラブヘッドを自分の背後に持っていこうとする人がとても多いのです。ゴルフの経験の長い人にもよく見られますが、左手甲や右手のひらを真上に向けながらクラブヘッドを飛球線の内側に低く引こうとしすぎると、スイングが崩れてしまうことになります。

クラブを内側に低く引きすぎた反動で、ダウンスイングでは飛球線の外側のアウトサイドから下りてきて、フェースがかぶって当たってしまいます。飛球線の内側から低く下りればフェースが開いた状態でインパクトを迎えてしまいます。

最終的には腕や手を見なくても正しい軌道で振れるようになろう

スイングの際に腕や手、クラブヘッドの動きをチェックするのはタブーです。腕や手の動きに意識が働くと、胸を左右に回すことを忘れてしまい、腕や手に頼ったスイングになるからです。

ただし、ビギナーがスイングの基本をマスターするには、腰よりも下のインパクトゾーンにおいて腕や手、クラブヘッドが正しく動くとはどういうことかを目で見て、記憶する必要はあります。

これは、手やクラブを自分の体の後ろに持っていく悪癖を完全防止する上でも有効です。

腰くらいの高さの振り幅の中でクラブの通り道を確認

インパクトゾーンはスイングの最重要パーツ

通常のアドレスの姿勢をつくる

胸を右に回して
バックスイング。
両手を右腰よりも
高く上げない

クラブヘッドの正しい軌道のイメージを把握

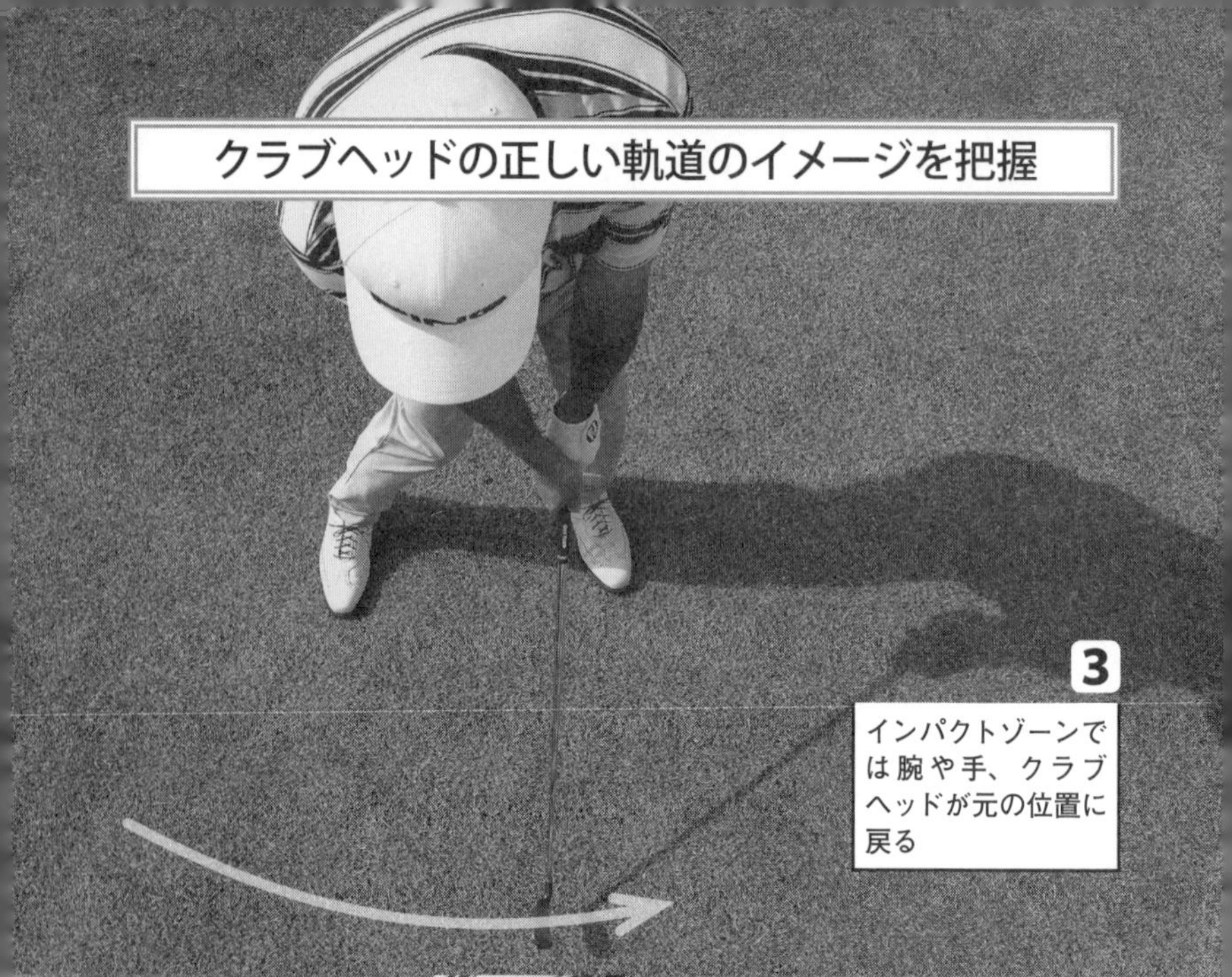

3

インパクトゾーンでは腕や手、クラブヘッドが元の位置に戻る

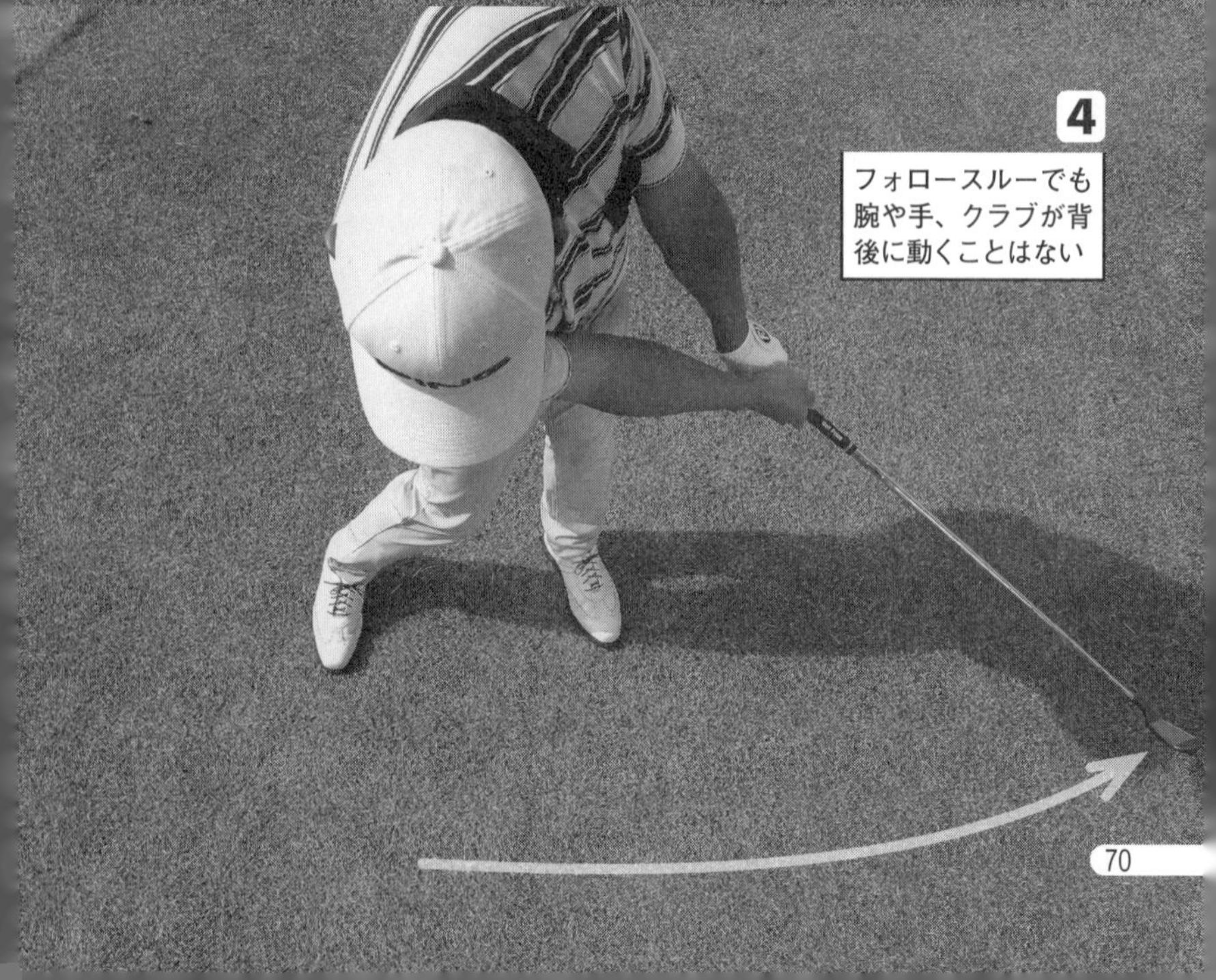

4

フォロースルーでも腕や手、クラブが背後に動くことはない

スイング中、腕や手、クラブは体の正面にある

1

手を体の正面に固定

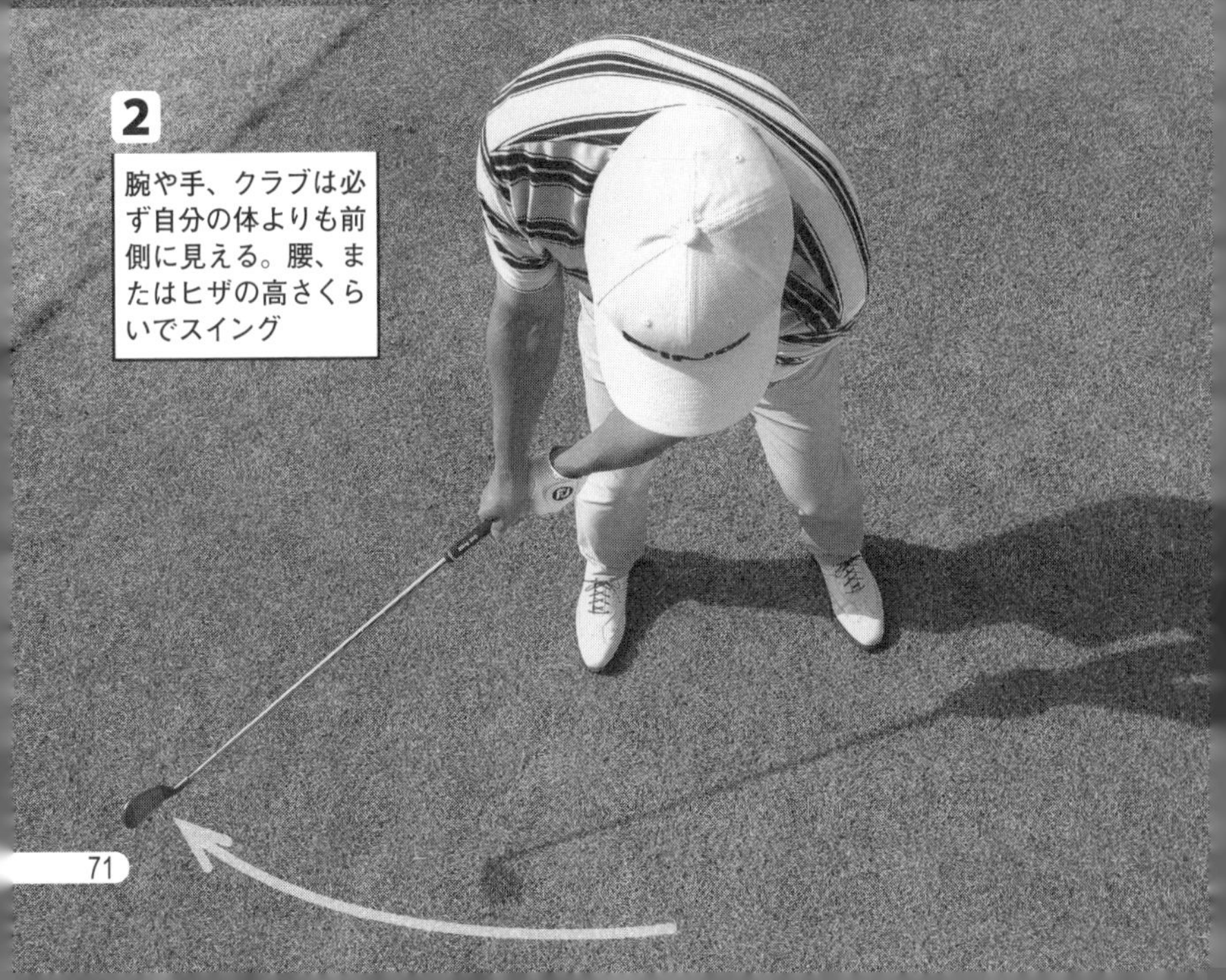

2

腕や手、クラブは必ず自分の体よりも前側に見える。腰、またはヒザの高さくらいでスイング

インパクトの3原則を理解しておこう

インパクトゾーンにおける腕や手、クラブヘッドの動きが安定すれば、それだけインパクトの精度も向上します。

そしてインパクトゾーンがつくられれば、インパクトの3原則が成り立ちます。

インパクトの3原則とは、**「軽いハンドファースト」「アドレスのライ角の再現」「スクエアフェース」**です。

軽いハンドファーストの姿勢とは両手が左太モモの前にあり、ロフトをやや立て気味にボールをヒットすることです。右手のグリップのつくり方でも説明したように、右ヒジを曲げた姿勢でインパクトを迎える意識を持ちましょう。

ライ角とはクラブを構えたときの地面とシャフトの角度のことで、インパクトでもアドレス時のライ角が再現されなければならず、インパクトで上体が起きたり頭が下がったりしないように、アドレスの前傾角度をインパクトまでキープすることが大切です。

インパクトでクラブフェースが開いたり閉じたりしては、ボールが狙った方向に飛んでいきません。

フェース面とボールを正面衝突させるイメージを持ち、真っ直ぐなフェースでボールをとらえることが大切です。

インパクトの3原則① 軽いハンドファースト

ボールを上げようとすると、両手が右太モモの前になってしまう

両手が左太モモの前にあり、右ヒジを曲げた姿勢をつくる

インパクトの3原則② アドレスのライ角の再現

アドレスの前傾角度をキープし、構えたときのライ角どおりにインパクトを迎える

インパクトで上体が起きるとライ角が崩れて、正確にヒットできない

インパクトの3原則③ スクエアフェース

フェースが開いたりかぶったりすると、ボールが左右に曲がってしまう

スクエアフェースでボールをとらえることが狙った方向に飛ばすための絶対条件だ

水平素振りでスイングのバランスを整える

水平素振りとは、直立の姿勢になり、クラブを肩の高さくらいに構えて、腕を真横に振る練習のことです。

最初にクラブフェースのラインが直角に見えるように構えます。その姿勢から胸を右に回し、両腕を右側に旋回しながらクラブを水平に振ります。胸が右に90度回転したところで左腕が地面と平行になるようにします。

そこから今度は胸を左に回して、クラブヘッドを戻します。インパクトのポジションではフェース面が最初に構えたときと同様、直角に見えるようにすることが大切です。

さらに胸を左に回し続けて、両腕を左に旋回し、胸が完全に目標を指したところで右腕が地面に対し平行になるようにします。

インパクトの位置に戻したときに右ヒジを必ず曲げる

この水平素振りには、スイングづくりに欠かせない多くの要素が含まれています。

ひとつは、インパクトの形です。インパクトゾーン素振りでも体感できることですが、クラブヘッドを元の位置に戻したときに右ヒジが曲がっていることが絶対条件です。カッコいいスイングをつくるポイントは、右ヒジが曲がっているインパクトにあります。

また、多くのゴルファーが誤解していることですが、インパクトの瞬間はまだ両手が返っておらず、ボールをヒットした直後から両手が返っていくのが正しい動きです。

そのためにハンドファーストにボールをとらえるのが正しく、右ヒジを軽く曲げておくことが大切なのです。

「クラブヘッドを返す」と「手を返す」のはまったく別物です。クラブヘッドは体の回転によって返りますが、手の返しはフェース面がボールをとらえてからフォロースルーに至る動きで発生します。そこを勘違いして、ボールを打つ瞬間に手を返そうとするとスイングが崩れてしまうのです。水平素振りでこの正しいインパクトの形を身につけることができます。

アームローテーションもコッキングも自然にできる

バックスイングで右側に旋回した両腕が、インパクト地点を通過してから左側に旋回する動きを「アームローテーション」といいますが、手の返しと同調して両腕を旋回させる動きも正しいスイングに欠かせません。**バックスイングとフォロースルーで両腕を入れ替える感覚です。**

また、スイングのスピードを上げるために、バックスイングでは手首を軽く折るコッキングが働きますが、これも水平素振りを繰り返すことで自然に身につきます。

アームローテーションやコッキングを意図的に行なうのは難しいことですが、水平素振りで意識せずにできるようになります。

水平素振りで体の回転と腕の振りの同調をマスター

インパクトの位置でフェースを元に戻す。右ヒジを曲げることが大切

胸が目標を指すまで回転し、両腕を左側に旋回する

上体を起こして構え、クラブを水平に振ろう

直立の姿勢になり、クラブを肩くらいの高さで構える

胸を右に 90 度回し、両腕を右側に旋回する

トップオブスイングの位置で左腕が水平となる

両腕を右に旋回すると同時に、手首を屈曲するコッキングが働く。意識しなくてもできてしまうから動きがシンプルだ

フィニッシュの位置で右腕が水平となる

上体を起こしてクラブを水平に振る練習を繰り返すと、両腕を入れ替えるアームローテーションが自然に身につく

ゴルフスイングに両手を肩より高く上げる動きはない

水平素振りを通して何を学んで頂きたいかというと、とにかく腕を横に振っていればスイングが勝手にでき上がるということです。

腕を横に振る。それこそが正しいスイングを構築するキーワードです。

バックスイングは、アドレスの姿勢からトップオブスイングの位置に向かってクラブを振り上げる動作です。それならば腕を縦方向に振るのが正しいように思えるかもしれません。インパクト後、フィニッシュの位置へとクラブを振り抜くには、やはり腕を縦に振らなくてはならないと考える人も多いことでしょう。

しかし、腕を縦に振るのは間違いです。腕を横に振らずに、縦に振ろうとするところに多くのゴルファーの上達を妨げる原因が潜んでいるのです。

腕を縦に振っているように見えても実際には横にしか振っていない

もう一度、水平素振りをしてください。胸を右に90度回して腕を右に旋回させたところでいったん静止します。次に上体をアドレスと同じ姿勢まで前傾させます。

こうすると自分では腕を縦に振っていない

のに、両手が右肩よりも高い位置となることがわかるでしょう。

フィニッシュも同様で、胸を左に回転し、両腕を左に旋回した姿勢から上体を前傾させれば、やはり両手が左肩よりも高くなります。

トップオブスイングやフィニッシュで両手が肩よりも高く見えるのは、アドレスで前傾姿勢をつくるからで、実際には両腕は水平の高さにしか振っていないのです。

以前、四十肩で腕が肩よりも上に行かず、困っていたゴルファーがいました。腕を縦に振ろうとすると肩が痛くて仕方がないというのです。でも腕は横に振るべきですから水平素振りを教えたら、トップオブスイングもフィニッシュもきれいに決まるようになり、悩みは一発解消です。勘違いが解ければ、スイングが見違えるほど良くなる好例でしょう。

腕を横に振ればトップオブスイングもフィニッシュも自然につくられる

普通に行なう素振りの要領で直立姿勢のまま水平素振りを繰り返しながら、上体を少しずつ前傾させてアドレスと同じ前傾角度に近づける練習も効果的です。

体の回転と腕の振りの同調感がつかめて、理想的なスイングのイメージが明確になります。さらにはトップオブスイングやフィニッシュの形は意図的につくるというよりは、腕を横に振ることで自動的につくられることが理解できます。

トップオブスイングとフィニッシュで大切なのは、P.61でも説明したようにグリップに隙間をつくらないことです。それもカッコいいスイングをつくる決め手となります。

正しいトップオブスイングの形

水平素振りで胸を右に 90 度回した姿勢から上体を前傾させれば、トップオブスイングの形となる

両手を右肩よりも高く上げるのは間違い。トップオブスイングのバランスが悪くなってしまう

正しいフィニッシュの形

水平素振りで胸を目標に向けた姿勢から上体を前傾させると、フィニッシュの形がつくられる

フィニッシュでも両手を左肩よりも高く上げる意識を持たないこと

テンポは速くてもいいが、タイミングはゆっくりを心掛けよう

「スイングのリズムが大事」とか「テンポよく振りましょう」、あるいは「ゆっくりしたタイミングを心掛けましょう」などと教えられることもあると思います。

ところで、リズムとテンポ、タイミングの意味とそれぞれの違いを正確にいえる人はどれだけいるでしょうか。

たとえば、男子プロの近藤《こんどう》共弘《ともひろ》選手を例にあげてみます。彼はリズムやテンポは速いといわれますが、タイミングはゆっくりです。

それを聞いて、どのように解釈するでしょうか。

リズムとは「イチ、ニ」とか「イチ、ニ、サン」などの拍子のことです。テンポは動きの速さで、「イチ、ニ」や「イ〜チ、ニ〜イ」という具合にスピードの違いを表わします。タイミングはボールをとらえるための「間」のことで、「イチ、ニ」といったリズムやテンポをどう合わせていくかがカギとなります。

プロたちにタイミングが速すぎる人はいない

とくれば、近藤選手のスイングはとてもスピーディだけれど、打ち急いではいないとい

うことになるのです。

トップオブスイングからダウンスイングへと向かう切り返しの間がゆっくりしているのに、テンポは速く見えるわけです。

リズムとテンポは固有のものです。その人の性格が大きく左右しますから、自分がノンビリ屋だと思ったら、ゆっくりしたスピードで振るのがいいでしょう。

私のようなセッカチ型の人なら、振るスピードは速いほうが合っているといえます。

ただし、タイミングが速いのはスイングに悪影響を与えます。プロたちは近藤選手に限らず、リズムやテンポは速くても、タイミングは概してゆっくりです。誰が見てもタイミングが速いと感じる人はほとんどいません。

もし、ミスショットをしてしまったときに「今のは速かったね」と指摘されたとしたら、そのマイナスの要因はタイミングだけと考えてください。

打ち急ぎの傾向が見られる人は腕や手に依存している

リズムやテンポが速いのは、決してマイナスではありません。速くてダメなのはタイミングだけです。

そこを勘違いして、「イチ、ニ」の2拍子のリズムで振っていたのを「イチ、ニ、サン」の3拍子に変えたり、クラブを速く振るのが合っているのに、意図的にスピードを落として振ったりするのは逆効果です。

タイミングが速いというのは、切り返しの「間」がなくて、結果的に打ち急いでしまうことを指します。

こうした傾向が見られる人は、腕や手に依存したスイングになっています。胸を左右に回転し、腕を象の鼻のようにブランブランと振る練習を思い出してください。

時間差によって腕が遅れて下りてくるイメージを持てば、タイミングが速すぎるマイナス面を修正できます。

歩くときのリズムをイメージすれば下半身主導の2拍子で振れる

また、リズムの取り方によっても、タイミングを上手く合わせることが十分可能です。リズムは「イチ、ニ、サン」の3拍子もありますが、スイングを開始してから3拍子で振るのは避けましょう。

アドレスの姿勢をつくって、「イチ」「ニ」でテークバックを開始して、「サン」でクラブを振り下ろすのであれば結構です。ただし、アドレスで「イチ」とスイッチを入れるのは悪くないのですが、「サン」が入ることで、上半身の動きが働きやすいのはマイナス面になります。

その点、下半身だけでリズムをとっている人は、アドレスでの「イチ」がありません。本来は「イチ、ニ」の2拍子が究極のリズムなのです。

何故なら歩くときの下半身は2拍子ですし、この2拍子を意識することで条件反射的にナチュラルな動きとなるからです。「イチ」で胸を右に回してバックスイングし、「ニ」で胸を左に回してダウンスイングする。下半身主導の2拍子によって、つねに安定したリズムで振れるようになります。

アドレスを加えた3拍子であればOK

アドレスで「イチ」、「ニ」でスイングを開始して、「サン」でクラブを振り下ろせば、体の動き自体は2拍子となるが、「サン」が加わることで上体の動きに依存しやすい点に注意

歩行と同じ2拍子で振るのが究極のリズム

歩くときのリズムをイメージすれば、下半身主導でスイングしやすくなる。「イチ」でテークバックをスタートし、「ニ」でダウンスイングすればタイミングも合わせやすい

第3章

ビギナーでもちゃんと
当たるようになる上達練習法

短期間で効果の上がる練習だけをする

ビギナーがコースデビューに向けてどんな練習をしたらいいのか？

それを親切に解説しているレッスン書は数多くありますが、「スイングの基本」などと銘打って、実に沢山のことを教えています。「これだけやっておかないと、コースデビューはできませんよ」と押し付けているような感じがしてなりません。

経験を通してゴルフが上達していくには、基本の蓄積は確かに必要ですし、学習しなくてはならないことはいっぱいあります。

でも、コースデビューにあたっては、そんなに多くのことをやらなくていいのです。

コースデビューに備えての即効練習法がある

コースデビューの際には、様々なハプニングが起きます。

ボールが狙った方向になかなか飛ばず、焦ってしまうに違いありません。空振りもあるかもしれませんし、ダフリやチョロも１度や２度ではすまないでしょう。

誰だって最初は上手くいかないのです。「失敗して当たり前」と割り切って、初ラウンドの経験の中から何かゴルフの楽しさを発見できれば大成功と考えてください。

とはいえ、コースデビューに備えての準備は絶対に必要です。第1章と第2章でゴルフが早く上手くなるための考え方と、スイングメカニズムの基本知識を詰め込んだら、早く上達するための即効練習法に取り組んでください。

1カ月間これだけやっておけば、初ラウンドの際に空振りやダフリ、チョロ、グリーン周りを行ったり来たりといったミスの回数を軽減できるはずです。

ゴルフの経験の長い人からは、色々な練習法を勧められることと思います。

でも、中身がどんなに濃くても難しい練習法ではなかなか身につきませんし、難しい練習法は初ラウンドには案外役に立たないものなのです。

簡単な練習法でこそ早くマスターできる

ビギナーでも比較的簡単にできる練習法なら早く身につきますし、初ラウンドで真価を発揮するのです。

この章で紹介する練習法以外は何もしなくて結構です。最初から多くを詰め込みすぎないように、効果が早く出るものだけに絞っていきましょう。私が推奨する上達スピードアップ練習法で、練習の成果を短期間で実感してください。

また、これからのゴルフライフにおいて、多くの壁にぶつかると思いますが、そのときに振り返られる「ゴルフの原点」として活用していただきたいと思います。

自宅で簡単にできる練習法①

額を壁につけて体を左右に回す

短期間で効果が上がる練習のひとつ目は、両腕を胸の前で組み、額を自宅の壁や柱につけて、体を左右に回転する練習法です。

まず、アドレスと同じ前傾姿勢をつくっておきます。

額を固定したままで胸を右に回し、そこから今度は胸を左に回しましょう。頭を動かせませんから、体の回転量は制限されますが、それでOKです。頭が動いてしまうほど無理に体を回してはいけません。

家でこれを毎日実行していれば、相当上手くなれます。

額が固定されれば、構えたときの目線が一定に保たれることがよくわかるでしょう。

ゴルフの未経験者が陥《おちい》りやすい、ボールを上げようとしてダウンスイングで上体が右に傾いたり、インパクト前に顔が早く目標を向いて上体が起きたりするといった間違った動きを完全防止する効果があります。

頭の固定を、「スイング軸」の固定と考える人もいますが、軸という概念は持たないようにすることを勧めます。軸は本来、コマのように物体の真ん中にあるべきで、人体の構造上、軸は存在しないのです。

胸を左右にスムーズに回すことを第一に考えれば、スイングがシンプルになります。

頭を固定し、胸を回す

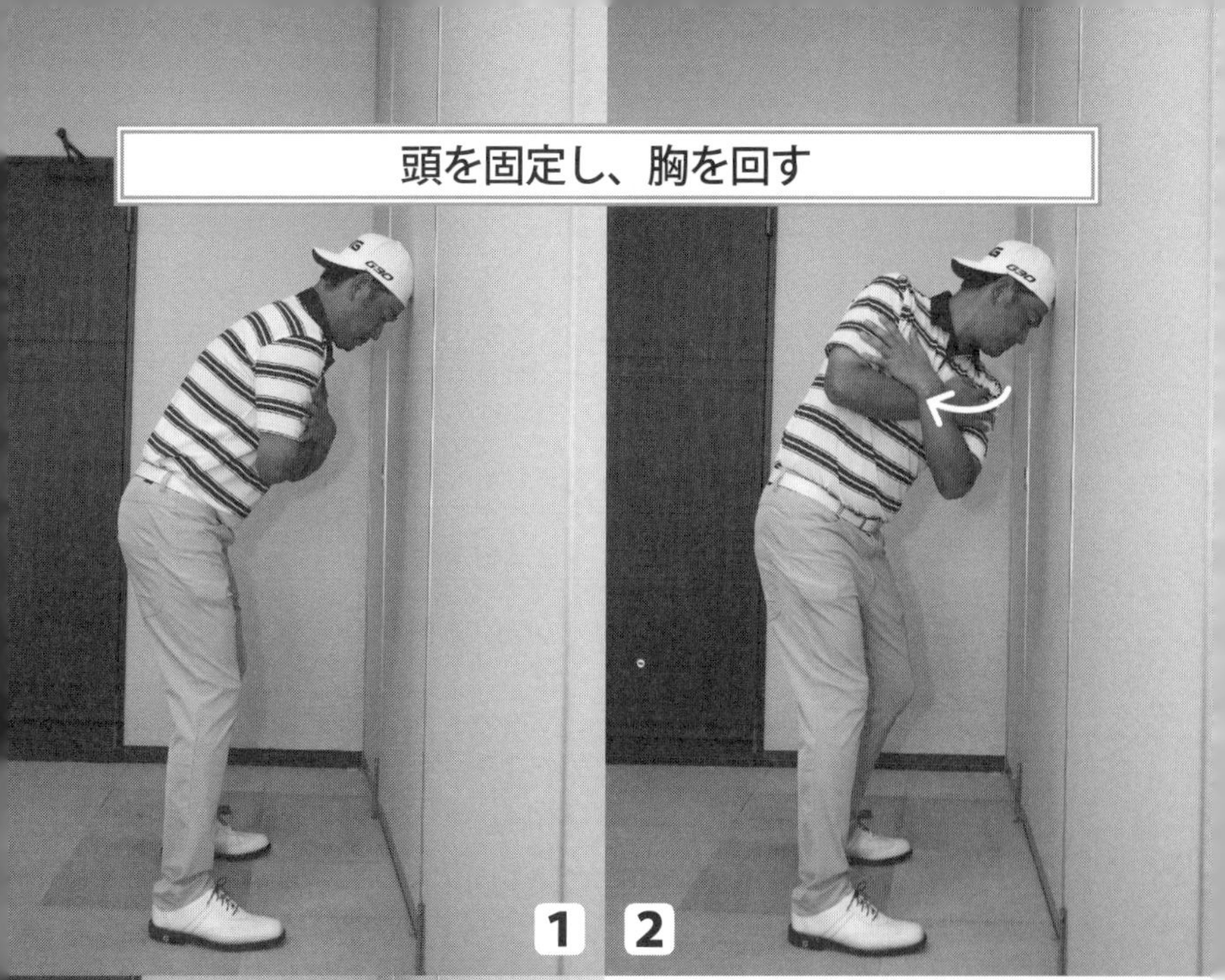

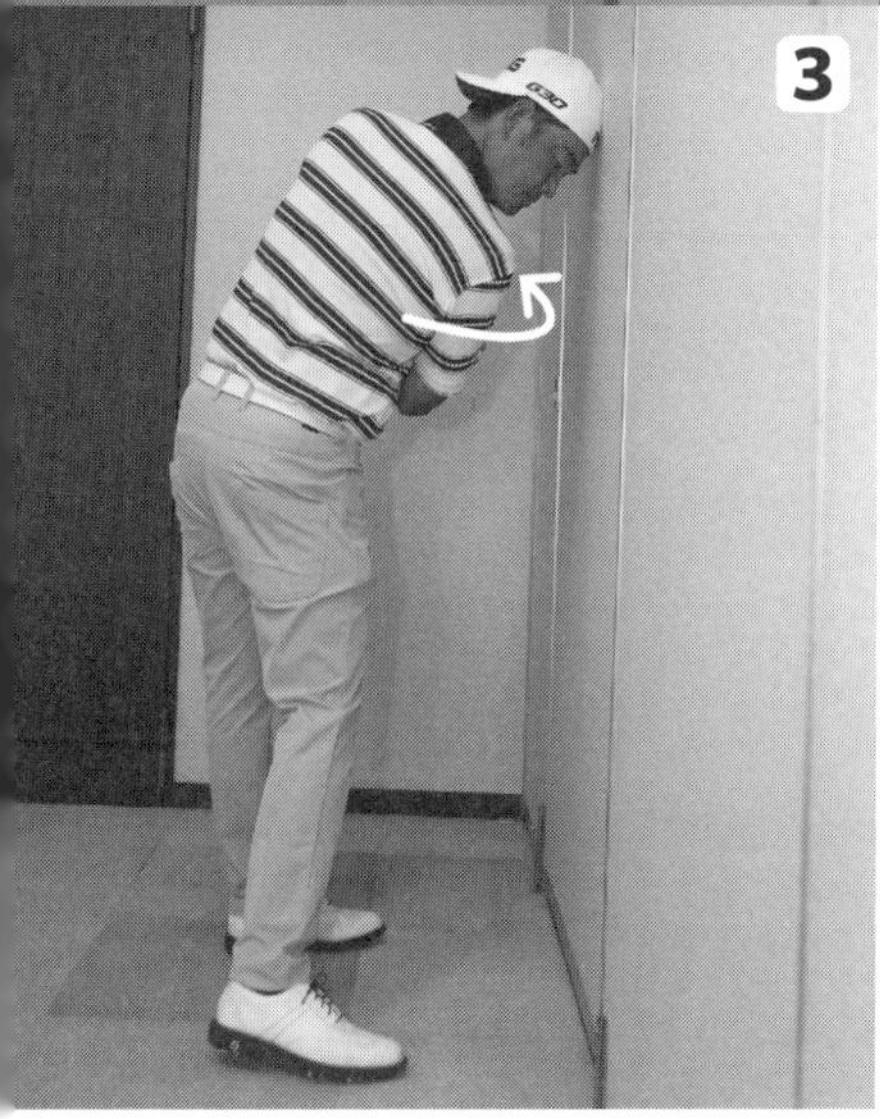

前傾姿勢をつくり、両腕を胸の前で組んで額を壁につける。そして、スイングの要領で胸を左右に回転しよう

自宅で簡単にできる練習法②

腕を象の鼻のようにブランブランと振る

これは第1章のP.44でも紹介した練習法ですが、ここでは額を壁につけて両腕を象の鼻のイメージで振ります。

普通にやれば腕が振れるのに、額を壁につけると腕がスムーズに振れないというのは前傾姿勢が浅すぎるからです。

額を壁につけても腕が振れるくらいの前傾角度が必要で、それがバランスのいいアドレスの姿勢をつくるヒントです。

前傾の両腕を胸の前で組んで胸を左右に回す練習から発展して、スイングらしい感覚を体感できます。

腕や手を先に動かすのではなくて、胸を先に回転させて腕や手が遅れて下りてくる「時間差」を感じ取ることが、大切なポイントになります。

額を固定しておき、スイングの支点となる首の付け根と左の肩甲骨を安定させる感覚をマスターしてください。

スイング中に額が上下左右に動かなければ、スイングの支点のブレがなくなり、インパクトの正確性がアップします。

P.66で解説したインパクトゾーン素振りを例にあげるまでもなく、スイングの再現性や反復性がこの練習で簡単に向上させることができます。

頭を固定し、腕を振る

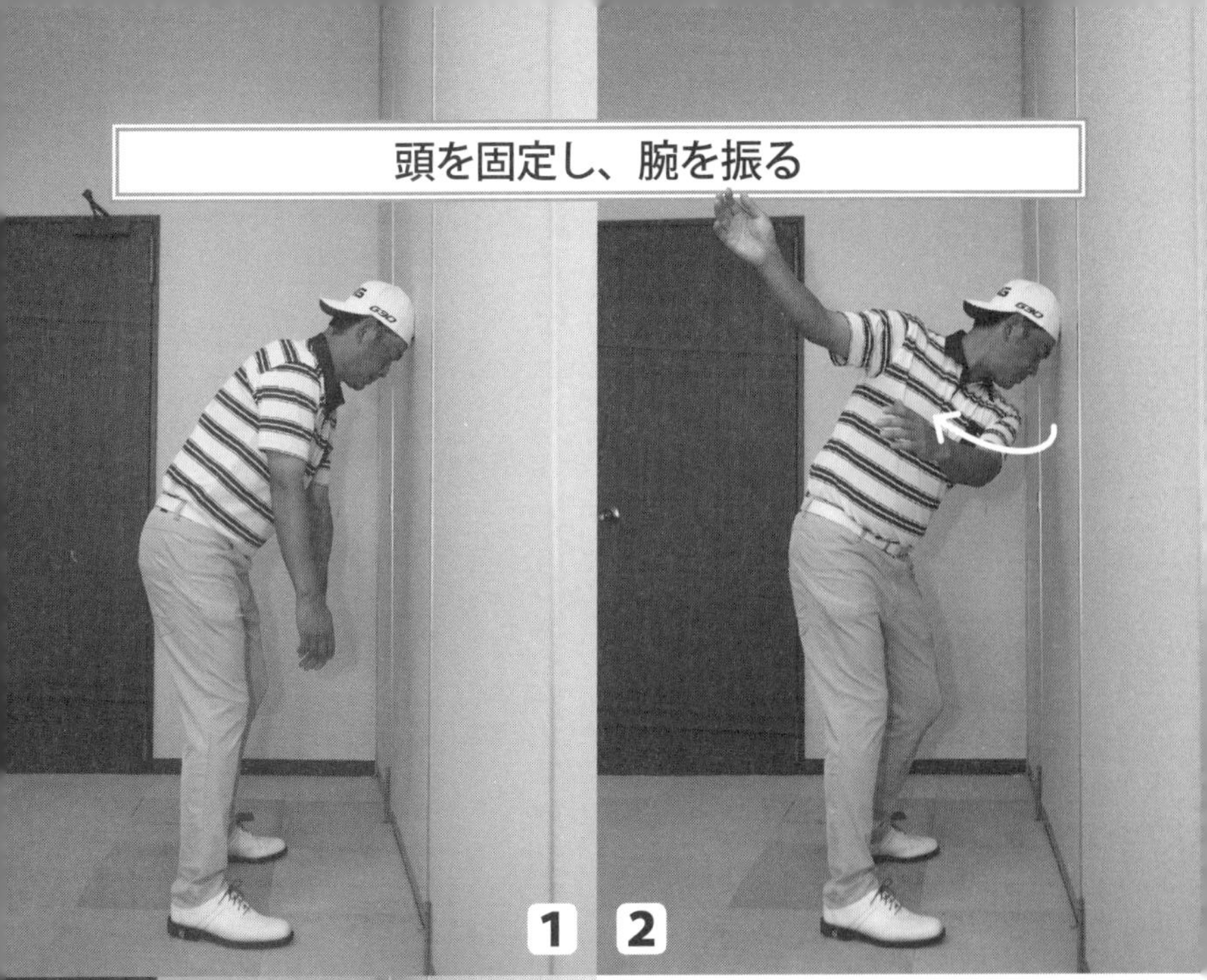

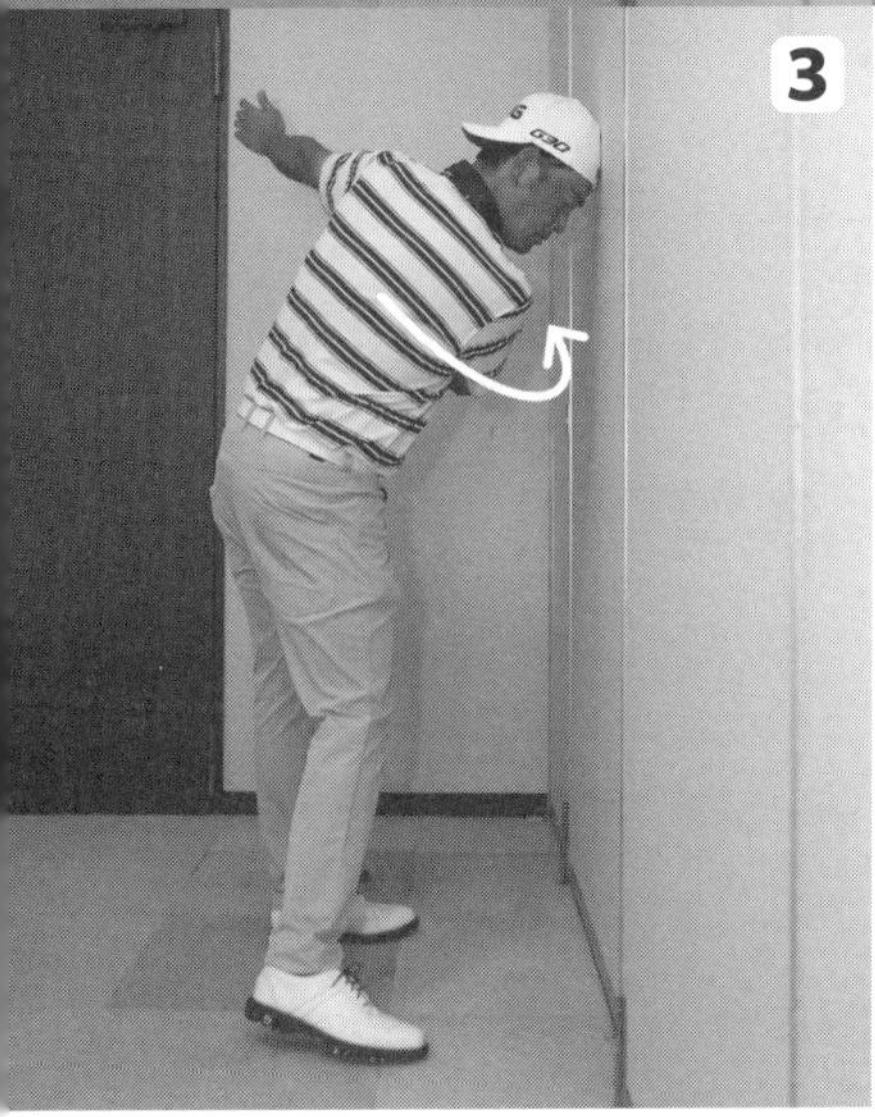

額を壁につけて、胸を左右に回し、両腕が象の鼻のようにブランブランと振られる感覚をマスターしよう

自宅で簡単にできる練習法③

クラブ2本素振りで腕が振られる感覚をつかむ

これは室内練習ではなく、自宅の庭か練習場など広めのスペースを活用する素振り練習法です。

2本のアイアンクラブを使用します。番手は9番アイアンと7番アイアンでいいでしょう。

かなり重く感じられるので、野球のバットを持つときと同じ握り方でもいいですし、両手を少し離して持っても構いません。

クラブを2本持つと、腕の力だけでは振れないことがわかるでしょう。そこを無理やり腕の力でビュンビュン振ろうとしてはいけません。

連続素振りをすれば練習の効果倍増

ビギナーはクラブを持つと、下半身を完全に止めて、腕だけを振ろうとしがちですが、こうした悪癖を身につけさせないための練習でもあります。

額を壁につけて腕を象の鼻のイメージで振るシャドウスイングの要領で、体が先に回転して、腕が象の鼻のように振られる感覚をこの練習でもつかんでください。

クラブの重量にまかせて振っているうちに、腹筋や背筋などの体幹を使ってスイングするイメージも把握できます。

足腰がよろけるとスイングのバランスが崩れてしまいますから、スムーズなフットワークを使いながらも下半身の安定感をキープする感覚もこれでつかめます。

素振り1回ごとにアドレスの姿勢をつくってクラブを振るのもいいのですが、トップオブスイングとフィニッシュの間を連続素振りすると、より効果的です。

クラブの重さを利用して スイングする感覚をつかむ

クラブの重量で両腕がトップオブスイングの位置まで振られたら、ダウンスイングでは胸が先に左へ回転し、体重が左足に移動してから両腕とクラブが下りてきます。

インパクトエリアを通過し、フォロースルーへと向かうときにはクラブが加速して両腕がきれいに伸びます。こうしてクラブがフィニッシュに向かったら、今度は胸から先に右へ戻し、腕とクラブが遅れて下りてきます。

この要領で2本のクラブを繰り返し往復させることで、腕が振られる感覚をマスターしてください。

筋力アップの面でもとても効果的ですし、何よりも「スイング力」が飛躍的に向上するのです。

クラブ2本素振りをした後に、9番アイアン1本だけを持つとかなり軽く感じられますが、ここで手先に頼ったスイングをしてしまっては、クラブ2本素振りの効果を台無しにしてしまいます。クラブ1本だけを持つときも、腕がクラブの重さに引っ張られるイメージでスイングすることが大事です。

フィニッシュまで振り抜いたら、胸を先に戻して腕とクラブが遅れて下りてくるようにする

クラブを２本持って素振りする

腕だけでは振れないので、体幹を安定させてクラブの重さで腕が振られる感覚をつかもう

下半身を止めて腕だけでクラブを振ろうとしてはいけない

練習場で行なう練習法①

自分でボールを上げようとしてはいけない

ゴルフのクラブにはドライバーから、3番・5番ウッド、ユーティリティークラブ、5~9番アイアン、ピッチングウェッジ、アプローチウェッジ、サンドウェッジ、パターなどがあり、キャディバッグに入れられるクラブは14本までと決まっています。

色々なクラブでボールを打ってみたくなる気持ちは理解できますが、スイングづくりの練習に使うクラブは9番アイアンが最適です。

第1章のP.24でも述べたように、多くのインストラクターは7番アイアンでスイングの基本を教えようとしますが、7番アイアンは昔に比べて難しくなったので、ビギナーがいきなり7番アイアンで打ち始めるのはちょっと無理があります。

ロフト角によってボールが自然に上がる感覚を早くマスターするには、やはり9番アイアンがベストです。

ボールをティアップしても低く転がすつもりでスイング

最初のうちはボールをティアップして打ちましょう。

練習場のゴムティには、高さ別にLL、L、M、Sなどのサイズが揃っていますが、まずはＬのようなやや高さのあるゴムティを選ぶといいでしょう。

　ＬＬとなるとティアップがちょっと高すぎて、フェースの芯に当てるのが逆に難しくなりますから避けましょう。

　自分でボールを上げようとしないで、低く転がすつもりで打つことが練習の目的です。構えたときの目線より高い場所に上がってしまうほど、ボールを高く上げないようにすることです。

　目線より高くなりすぎるようなら、すくい打ちになっている可能性が大きいです。

手先の動きでボールに当てにいかないように注意

　素振りなら腕が象の鼻のように振られる感覚でスイングできていても、実際にボールを打つ段階になると、「ボールを上げよう」とは思わなくても、「上手く当てたい」とか「真っ直ぐ飛ばしたい」という心理が働きがちです。

　「きれいな球を打とう」なんて考えなくて結構ですから、素振りの練習で覚えた「胸を左右に回して、胸の回転によって腕が自然に振られる」ことを意識して、ショットの練習に取り組みましょう。

　ショットの結果を気にせずに、自分のリズムとタイミングを心掛ければ、次第に当たるようになるはずです。

　Ｌサイズのゴムティに慣れたら、Ｍ、Ｓと徐々にゴムティの高さを低くして、最終的には練習マットの上に直接ボールを置いて打つ練習へと移りましょう。

最初はボールをティアップして打とう。高くてもLサイズのゴムティまでにしておく

ティアップして打つ練習に慣れたら、今度はマットの上に置いて打ってみよう

ティアップしても転がすイメージで打つ

打った後も構えたときの目線が変わらないようにすることが大切。目線が変わってしまうほどボールを高く上げないように注意しよう

練習場で行なう練習法②

小さいスイングから打ち始めて、出力を徐々に上げていく

ボールをティアップして打つ練習であれば、フルスイングに近い振り幅でも何とか当たるかもしれません。でもマットの上に置いたボールは、なかなか上手く当たらないものです。視覚的にボールが上がりにくいと感じるため、自分でボールを上げにいこうとするからです。

そこで、最初は振り幅の小さいスイングから打ち始めて、フェースの芯に当てる感覚を少しずつマスターしていくことを勧めます。

まず、ヒザくらいの高さでスタートして、1、2、3、4、5、6……という具合に段階を踏んで振り幅を少しずつ大きくし、スイングのスピードも上げていきましょう。つまり、「スイングの出力」を徐々に上げてフルスイングに近づけていくのです。

感覚的に気持ちよく振れるスイングを見つけ出そう

個人差はありますが、この練習を続けるうちに、自分の感覚として「4が気持ちいい」とか、「5が振りやすい」などとわかってきます。この**気持ちよく振れるスイングが、自分のベースとなるスイング**です。

さらには「3が気持ちいい」「5が気持ち

いい」、そして「7も気持ちいい」となれば、フルショットの半分くらいの振り幅のハーフショット、フルショットの4分の3くらいの振り幅のスリークォーターショット、フルショットの3つをコントロールして打てるようになります。

気持ちよく振れるスイングが多くなるのは大いに結構です。気持ちよく感じられる振り幅を3つくらい見つけておきましょう。

自分のマックス以上のスイングは絶対に避ける

重要なのは、**自分の振り幅のマックス以上に振らないこと**です。

人によっては、6がマックスになるかもしれません。そこからさらに出力を上げようとして7とか8に向かうと、クラブを正しく戻せなくなり、ボールが左右に散らばってくることが考えられます。

自分がコースでも実践できるスイングのマックスは6だということを早いうちに認識すべきなのです。

コースで何故ミスするかというと、未知の世界でもある10にまで出力を持っていこうとするからです。自分のマックスは6なのに、コースに出ると「ティショットは10で振らなくてはならない」と思い込んでいる人がとても多いのです。

周囲の人たちも「思い切りよくスイングしなさい」とか「しっかり振り切りなさい」などとアドバイスするかもしれません。でも、練習でつかんだ自分のマックス以上に振り回さないことがとても大切です。

最初は小さいスイングから打ち始める

腰くらいの高さの振り幅を1として、自分で数字をカウントする

2、3、4、5……とスイングの出力を少しずつ上げていこう

気持ちよくスイングできる振り幅を知る

フルスイングに見える振り幅はマックスではない。人によっては6や7に感じるスイングといえる

自分の限界以上に出力を上げようとするとスイングが崩れてしまう

練習場で行なう練習法③

練習の合間にスプリットハンドドリルを取り入れよう

スプリットハンドドリルとは、両手を10センチほど離して持ち、素振りしたり実際にボールを打ったりする練習法です。

この練習の目的はインパクトの瞬間は右ヒジが軽く曲がっていて、右手のひらがフェース面と同様、ターゲットの方向に正対し、ボールをヒットしてから右腕がすっと伸びて両腕が返ることを体感することにあります。

両腕の返しをアームローテーションといいますが、大半のゴルファーはインパクトの瞬間に両手や両腕を返さなくてはならないと思い込んでいます。

そのためにインパクトの段階で右ヒジが伸び切って、上体が起き上がってしまうのです。アドレス時のライ角を再現できず、フェースがかぶったり開いたりして、スクエアに戻らなくなります。

右手は中指と薬指の2本で握り、残りの3本はグリップから離す

スプリットハンドドリルは右手の持ち方がポイントです。右手のひらをシャフトに近い部分に真横から添えて、中指と薬指の2本でグリップに巻きつけるように握ります。残りの3本の指はグリップから離しておき、右ヒ

ジを軽く曲げます。

そうすればインパクトの際に右ヒジが曲がっていて、インパクトからフォロースルーにかけて右腕が自然に伸びる動き（ターンオーバー）が意識せずに行われます。バックスイングとフォロースルーで両腕が入れ替わるイメージです。

右手をバット握りして右ヒジが伸びた間違った体勢でクラブを振ってはいけません。

ターンオーバーが正しくできているかをチェック

ゴルフスイングが難しいのはどうしてかというと、アドレスの前傾角度があるからです。そして、自分の体よりもずっと低い位置にあるボールを、ゴルフクラブを使って打つから

間違ったイメージを植えつけてしまいやすいという難点があります。

ビギナーは、アドレスで上体を前傾させた瞬間に正しいイメージが消えてしまいやすく、ターンオーバーができていない可能性があります。

インパクトでフェースをスクエアに戻すことと、インパクト後のターンオーバーを覚えることをセットで考えて、ボールを打ってから腕を返す動きや腕の入れ替えができているかどうかをチェックしましょう。

ゴルフの上達に効果的な練習ドリルはありとあらゆるものがありますが、スプリットハンドドリルは、ビギナーにとっても伸び悩んでいるアベレージゴルファーにとっても効果絶大の万能ドリルですから、練習の合間に取り入れてみましょう。

スプリットハンドドリルは右手の持ち方がカギ

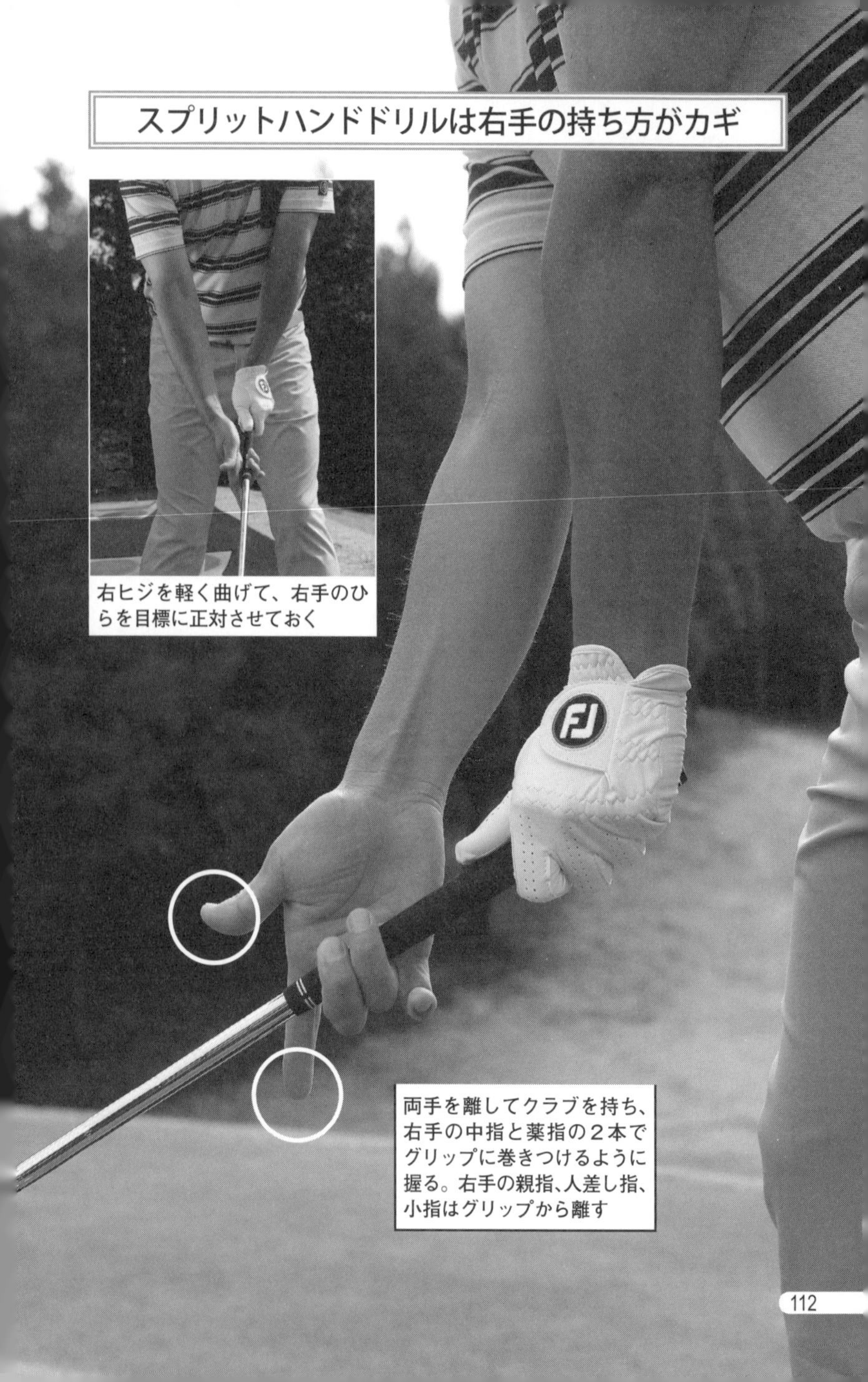

右ヒジを軽く曲げて、右手のひらを目標に正対させておく

両手を離してクラブを持ち、右手の中指と薬指の２本でグリップに巻きつけるように握る。右手の親指、人差し指、小指はグリップから離す

インパクト後に両腕が返る正しい動きをマスターしよう

右手をバット握りし、インパクトで右ヒジが伸びるのは間違い

練習場で行なう練習法④

アライメントの練習はスイングづくり以上に大切だ

アライメントとは「方向取り」のことで、目標に対して肩や腰、ヒザ、スタンスなど体の向きを正しくセットする作業を意味します。

ゴルフの場合、経験の長い人でさえ、スイングづくりの練習を最重視する傾向が見られます。

もちろん、スイングづくりの練習も大切ですが、それ以上にアライメントの練習、つまり自分がボールを打ちたい方向に対して正しいアドレスをつくる練習がより重要です。

体が目標に対して正しく向いていないと、スイングがよくてもボールは狙った方向に飛んでいきません。

でも、体が打ちたい方向さえ向いていれば、スイングがそれほどよくなくても狙った方向にそこそこ飛びます。

ゴルフは「ターゲットスポーツ」です。目標方向を明確に意識してアドレスをつくることが何よりも大切なのです。

マットの線ばかり見る癖がつくとコースで戸惑ってしまう

練習場のマットでボールを打っていると、視界に入るマットの線と平行に立つことの繰り返し作業ばかりをすることになります。

目標方向を全然見ないで、マットの線とかボールばかり見てアドレスをつくる癖が身についてしまうと、コースに出たときに正しい方向に向いているのかどうか、戸惑ってしまいます。

　コースでは練習場のマットのような方向を示してくれるものが何もないため、「真っ直ぐの感覚」が失われます。

　アドレスをどのようにつくればいいのか、自分がどこを向いて構えればいいのか、クラブをどう振ればいいのかがわからなくなり、不安な状態になるわけです。

　経験だけは長いのにミスショットを繰り返している人は目の前のボールばかり見ようとして、目標方向を全然見ようとしないために、アライメントが正しくできていないところに問題点があるのです。

目標を見ながら素振りを繰り返してボールに近づくといい

　そうならないためにも、練習場で打つときもアライメントを意識した練習に取り組んでください。手順としては以下の通りです。

1・ボールの後方から目標方向を眺めて、ボールと目標を結ぶターゲットラインをイメージする

2・ボールからやや離れた、飛球線と平行の場所に立ち、目標方向を見たままインパクトゾーン素振りを数回繰り返しながら、ボールに近づく

3・フェース面をターゲットラインと直角に合わせて、それから両手を握り直し、スタンスの位置を決めてアドレスが完成

目標を見ながらインパクトゾーン素振りを

してボールに近づけば、体の向きはそれほど狂わないものです。多少は体が右や左を向くことはあっても、ボールはそこそこ目標方向に飛んでくれます。

スイングを考えるよりも目標意識をつねに持つことが重要

目標を見たままアドレスに入る習慣をつけておくと、飛球線と平行に構えたときの景色の見え方とか、視野のイメージが把握できます。また、自分が右と左のどっちを向きやすいかの癖もつかめます。

その点、マットの線ばかり見て練習してきた人は、ボールが右に飛びやすい傾向があるとか、つかまりすぎて左に飛ぶことが多いといった自分の癖はわかっていても、アドレスでどう調整していいかの判断ができません。

マットの線が視界に入っていても、それをアドレスづくりの目安としないことです。

コースデビューの際は、当たりが良くなくても前に進めていれば何の問題もありません。ところが、「頭が動いているぞ」とか「ヘッドアップしているよ」などと指摘されて、スイングのメカニズムを気にし出したら、すべてがおかしくなります。

何をいわれても、スイングのことはなるべく考えないようにしましょう。

コースデビュー前の練習でも初ラウンドのときも、方向をしっかりイメージする習慣を持つようにしてください。「あそこに打とう」というショットの意図を明確にすることで、体が上手く反応してくれるものです。

目標を意識した練習に取り組むことが大切

アドレスをつくる前にボールの後方に立って、ボールと目標を結ぶターゲットラインを明確にイメージする

目標を意識した素振りをしてからアドレス

目標を見ながら軽くインパクトゾーン素振りを繰り返したあとアドレスすれば、体の向きはそれほど狂わない

マットの線ばかり見てアドレスをつくる習慣をつけてしまうと、コースで正しく構えられなくなる

マットの線を見ないでアドレスをつくる

インパクトゾーン素振りをする一連の流れでアドレスをつくる練習を積んでおこう。マットの線は見ないことだ

練習場で行なう練習法⑤

9Iと7I、5Wの3本を交互に打つ練習をしておこう

コースデビューの際は、使用するクラブを5番ウッド、7番アイアン、9番アイアンの3本に絞りましょう。

スイングづくりを目的とした練習では9番アイアンを使いますが、ある程度打ちこなせるようになったら7番アイアンと5番ウッドの練習も積んでください。

コースデビューの日が近づいたら、この3本で1球ずつ交互に打つ練習もしましょう。ティショットで使うのは基本的には5番ウッドですから、5番ウッド、7番アイアン、9番アイアンという具合にコースで使う順番通りに打つのです。

その流れで3本のクラブにおけるアドレスの変化を感じ取ってください。P.54の写真のように、見ただけではそれぞれのアドレスの違いはわかりませんが、シャフトの長さが変わるために、見た目以上に違いがあることが実感できるはずです。

ボールの位置は心臓の前と統一しておくとして、シャフトの長さによってボールと体の間隔が変わることを理解してください。

3本のクラブを1球ずつ交互に打つ練習をしておくと、コースに出たときもそれぞれのクラブでアドレスを速やかにつくれるようになります。

距離の出る５番ウッドでもスイングの出力を無理に上げない

３本のクラブを交互に打つ練習へと進む前には、９番アイアンと同様、７番アイアンや５番ウッドで集中的にボールを打つ練習も必要です。最初はティアップして打つ練習からスタートし、慣れてきたらティアップを低くして、それからマットの上のボールを打つ練習へと移っていきましょう。

７番アイアン、５番ウッドとクラブが長くなるほど、ロフト角が小さくなるのでボールが上がりにくくなりますが、決して自分からボールを上げようとしないことです。

ロフト角が小さいクラブほどボールが上がりにくくて当然と考えて、最初から低く転がす気持ちでスイングしてください。長いクラブで上手く当たらなくなったら、もう一度９番アイアンの練習に戻り、正しいスイングの感覚をおさらいしましょう。

５番ウッドの場合、フェースの芯に当たればボールが気持ちよく飛んでいきます。そこからもっと飛ばそうとして、スイングの出力を上げすぎてはいけません。

１、２、３、４、５……と振り幅をカウントしながら出力を上げていき、７がマックスと思ったら、それ以上は振り回さないようにしましょう。10のトップオブスイングやフィニッシュまで振る必要はありません。

トップオブスイングとフィニッシュは左右対称形といいますが、トップオブスイングが６くらいであれば、フィニッシュだって６で十分です。10を目指すのは、経験を積んでからで充分です。

9 I、7 I、5 Wの3本を使って打球練習をする

コースデビューでフル活用するのは5番ウッド、7番アイアン、9番アイアンの3本だ。1球ずつ交互に打つ練習で、それぞれのアドレスの感覚をつかんでおこう

7番アイアンは9番アイアンよりもボールが上がりにくくなるが、ロフト角にまかせる気持ちでスイングしよう

5番ウッドのように距離の出るクラブになると振り回してしまいがち。スイングの出力を無理に上げないことだ

自宅で簡単にできる練習法④

パットの練習はグリップの持ち方がカギだ

パットの練習は、自宅で1〜2メートルの短い距離を転がすだけでも十分です。

パットの場合は、カップに対してフェース面を真っ直ぐ向けて、インパクト後もフェース面を真っ直ぐ出すことがすべてです。

インパクトでフェース面の向きが変わると、もう狙った方向へは転がりません。パターを振る軌道が正しくてもフェースが開いたらカップの右に行きますし、フェースがかぶればカップの左に転がります。

逆にいえば軌道が多少ブレても、インパクトでフェースが真っ直ぐならカップに向かって転がるのです。**パットはそれだけフェース面の依存度が高い**のです。

自宅でパットの練習ができるパターマットは、ゴルフショップで手に入りますから、購入してパットの感覚に慣れておきましょう。

パットの場合は手を縦に使ってグリップするのがいい

パットでは、狙った方向に対してフェース面を真っ直ぐ向けて、真っ直ぐ出すという明確な方向意識が欠かせません。

ストローク中もフェース面をスクエアに保つ上では、グリップの持ち方がひとつの基準となります。パットの場合はショットと違ってグローブを外す人がほとんどですが、P.28でグローブに線を書いて左手の握り方を覚えたのと同じように、ここでも左手のグローブに線を書き込みましょう。

ショットでは指の付け根に近い部分で握るのに対して、パットは手を縦に使って握ります。あとは自分の好きなようにしても構いませんから、両手のひらでパターのグリップを挟むようにして、とにかく手を縦に使うことです。

カップまでの距離が近いパットほど目標意識を忘れないようにする

縦に握るとストローク中に手首の角度が変わらず、フェース面をスクエアに保ちやすくなります。それだけ方向が安定しやすくなります。

「最初のうちはパットが意外に上手くいっていたのに、最近は思うようにいかなくなった」という人が経験の長い人たちに結構多くいます。ショットとは違ってパットは、目標までの距離が近いために、ゴルフを始めたての人でも目標に向かってボールを打とうとします。ところが色々なことを覚えてきて、体の動きのメカニズムに意識が働き出すと、目標意識が次第に希薄になってくるところに原因があるのです。

パットは1～2メートルくらいの短い距離もあれば、10メートル以上の長い距離もあって距離感のイメージが必要ですが、つねに打ち出す方向に意識を向けることを忘れないようにしましょう。

パットの場合は手を縦に使ってグリップ

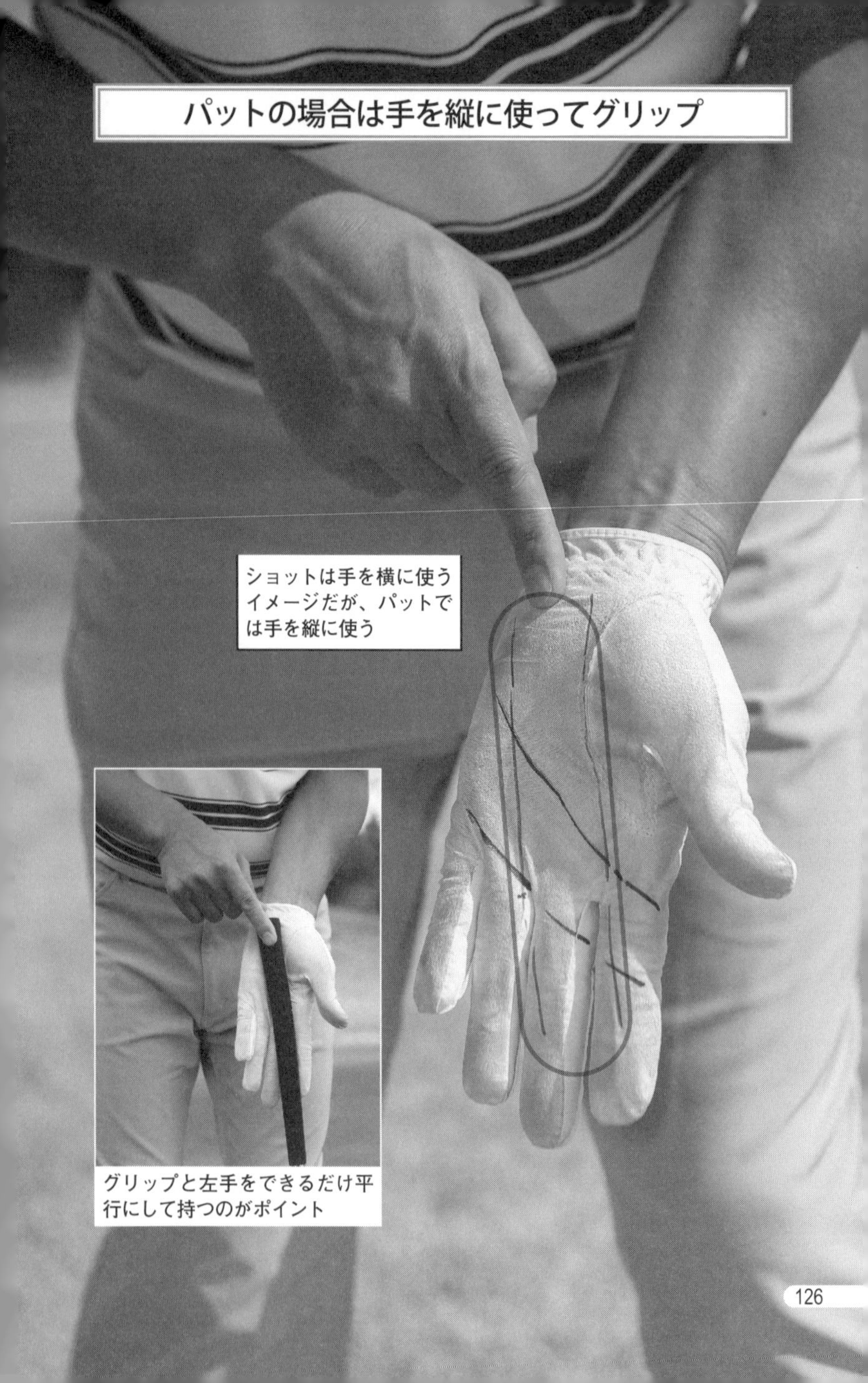

ショットは手を横に使うイメージだが、パットでは手を縦に使う

グリップと左手をできるだけ平行にして持つのがポイント

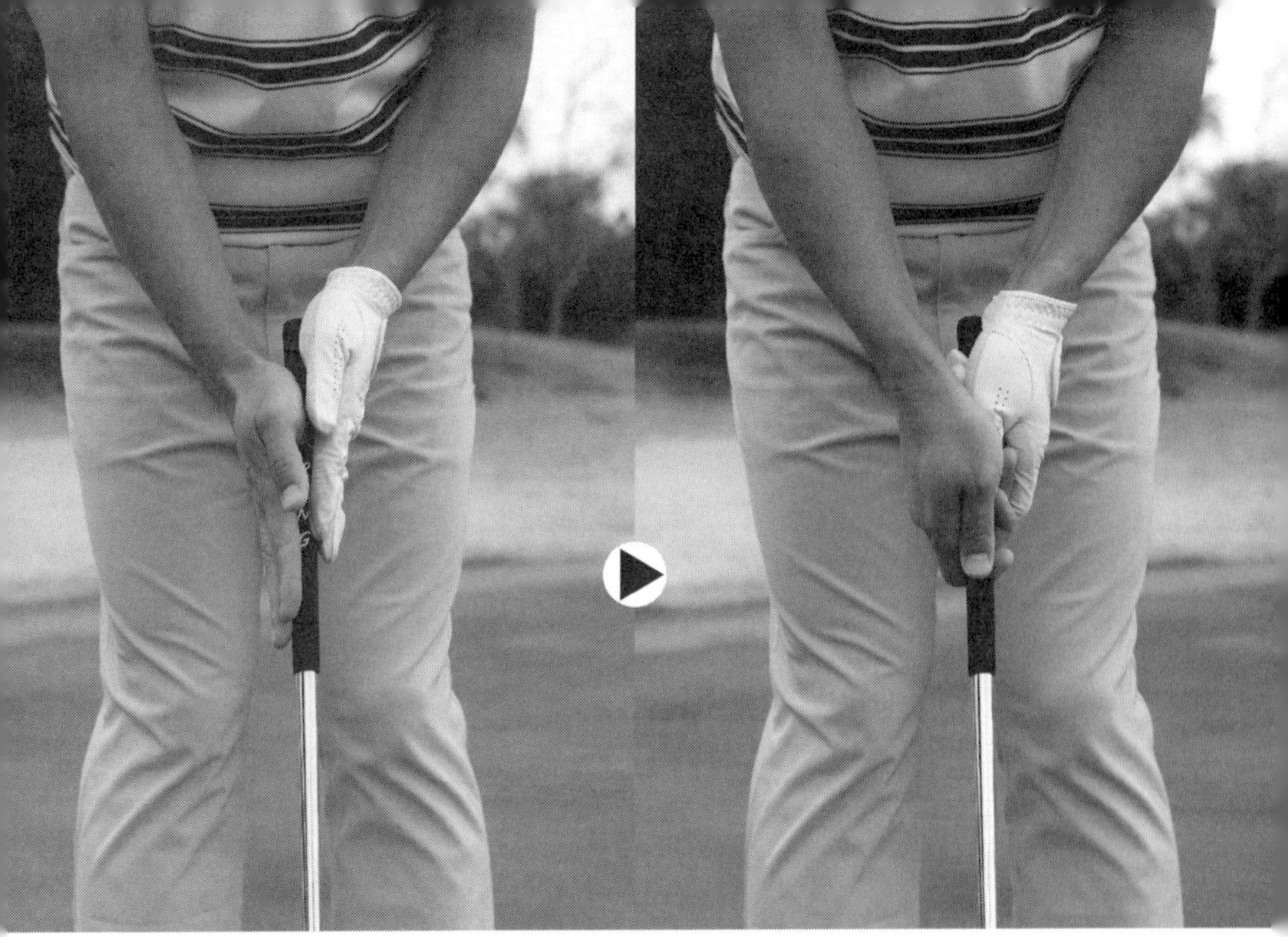

両手のひらでパターのグリップを挟む感じで握る

練習場で行なう練習法⑥

9Iのアプローチもパットの感覚でスイング

次はアプローチの練習です。実際にコースに出るとわかりますが、グリーン周りからのアプローチには様々な状況があります。

ピンまでの距離は50ヤードや20ヤードとまちまちですし、ピンがグリーンのどの辺に立っているのか、グリーンの傾斜などによってアプローチの方法が変わってきます。

ボールからグリーンエッジ（縁の部分）までの距離、グリーンエッジからピンまでの距離に応じて、ボールをどのくらい上げて、どのくらい転がすかのイメージを組み立てて打ちます。

でも、ビギナーにアプローチのあれこれを説明しても混乱するだけですし、身につけるには時間がかかります。

パターのように両手を縦に使ってグリップし、ヒールを浮かせて構える

そこで、コースデビューに向けて、ひとつの打ち方だけを練習することを勧めます。名づけて**「パット式アプローチ」**です。使うクラブは、ショットの練習ですっかり馴染んだ9番アイアンにします。

アドレスでは9番アイアンでショットの練習をしたときよりもボールの近くに立ち、ク

ラブを上から吊るし気味に構えます。

グリップはパターを持つときと同じように両手を縦に使うように握り、ボールを心臓の前にセットします。

こうしてパターを持つときと同じように構えると、9番アイアンのクラブヘッドのヒール側が少し浮きます。ヒール側が浮き上がるということは、フェアウェイの芝の薄い場所や、ディボット跡と呼ばれるショットの際に芝が削れた跡などにボールが止まっていても、安心して打てるという利点があります。

ヒールを軽く浮かせておけば どんな場面でもやさしく打てる

薄芝やディボット跡などはボールがある状況が良くなくて、通常のアプローチショットのようにクラブヘッドのソール全体を地面につけて構え、ボールにきれいに当てに行くとインパクトが詰まりやすく、ザックリやトップなどのミスを招きやすいのです。

ビギナーにとって、芝の状態の判断とかボールのライ（状況）の見極めはとても難しいですから、芝の状態がどうであってもミスショットになりにくい手段を選択するのが最善策です。

ヒールを軽く浮かせて構え、パットの要領でスイングするだけですから、ビギナーでも少し練習するだけで簡単にマスターできます。通常のアプローチのようにコックを使うとか、フェースターンを使うといった複雑な動きがなく、打ち損じが少ないといえます。

ボールを上げようとしなくても、パターを振るつもりでスイングすれば9番アイアンのロフトがボールを上げてくれます。

最初から低く転がすつもりで打てば、結果的にボールが上がり、グリーンに落ちてからトロトロと転がるアプローチとなります。仮にピンまで20ヤードとすれば、10ヤードくらいボールが上がり、10ヤードほど転がる感じです。

とにかくグリーンに乗ればＯＫと考えればアプローチがシンプル

このパット式アプローチのもうひとつの利点はコックやフェースターンを使わない分、大きめにスイングしてもボールが飛びすぎる心配がないことです。

あとはどのくらいの振り幅で打てば大体どのくらい飛ぶかの自分なりの目安を練習で把握しておきましょう。

初ラウンドのときは、グリーン周りからのアプローチはどんな場面でもこの打ち方で対応しましょう。ピンに寄せることは考えずに、とにかくグリーンに乗せておくことに専念すれば余計なプレッシャーを感じなくてすみ、ミスを軽減できます。

９番アイアンのパット式アプローチに慣れたら、７番アイアンでも同じ要領で打つ練習をしておくとよいです。

本来ならパットよりもまずアプローチを解説すべきですが、パターのグリップの持ち方や振り方を学習しておいたほうが、パット式アプローチが早く身につくのではないかと判断した次第です。

このテクニックは経験の長い人にも勧めたいくらいです。

ヒールを軽く浮かせて打つパット式アプローチ

クラブヘッドのソール全体をつけずに、ヒールを浮かせて構える

ボールの近くに立ち、両手を縦に使ってグリップし、クラブを浮かせ気味にアドレスする

パターを持つときと同じスイングを実行

手首を固定し、パターの要領でスイングする。ボールのライに左右されにくいので安心して打てるのが一番の利点だ

第4章

コースデビューで慌てなくてすむ ラウンドの手引き

ＯＢや池、林などをできるだけ回避してプレーを進行

各ホールの第1打は、ティグラウンドと呼ばれる区域内において、ボールをティアップして打ちます。芝生を短く刈った区域であるフェアウェイの方向に向かって打ち、2打目、3打目とつなげてグリーン上に設置されたカップ（ホール）にボールを入れた時点で、そのホールでのスコアが決まります。

フェアウェイの両サイドには芝をやや長く伸ばしたラフの区域がありますが、フェアウェイからのショットと同じスイングで対応しましょう。

フェアウェイから大きく外れた区域には池や崖、急斜面などがあり、そこに打ち込んでしまうとスコアを悪くしてしまう可能性大です。白杭の外側はＯＢといってプレーの区域外ですから、1罰打を加えてもう一度打ち直さなくてはなりません。

バンカーは、グリーン周りだけでなく、フェアウェイとラフの境目付近にも点在しています。バンカーからは1回で出すことに専念しましょう。

練習場との一番の違いは、コースは平らではないことです。バンカーや傾斜地からのショット、林からの脱出など初めて経験するショットばかりなので、ラウンド前に予備知識をある程度詰め込んでおいてください。

コースには初めて体験するショットばかり

ティグラウンドからフェアウェイ方向を狙って打ち、プレーをスタート

ボールをカップインさせてホールアウト。それまでに要した打数をカウントし、スコアカードに記入する

コースデビューに持参するクラブは6本でOK

コースデビューに持ってくるクラブは練習で使った５番ウッド、７番アイアン、９番アイアンの３本をメインとして、そこにピッチングウェッジ、サンドウェッジ、パターの３本を加えましょう。

ピッチングウェッジは入れなくても構いませんが、サンドウェッジはバンカーショットのイザというときのために一応入れておくことをお勧めします。

最初からいきなり14本のフルセットを持参する人もいますが、プレーの進行の仕方とか、状況に適応したクラブ選択がよくわからないうちは、クラブは少ないほうがプレーの効率がいいのです。

ティショットを打つときやフェアウェイから長い距離を打つ場合は、５番ウッドを使うようにして、グリーンまでがやや遠ければ７番アイアン、比較的近ければ９番アイアンを使いましょう。

クラブ選択にいちいち神経を使わず速やかにプレーすることで、同伴者や後続の組の方々にも迷惑をかけずにすみますし、最大の利点は自分自身のプレーのリズムが良くなることです。

ドライバーはコースへは絶対に持ってこないことが大切です。

初ラウンドに使うクラブは多くても６本まで

キャディバッグに入れるクラブは５Ｗ、７Ｉ、９Ｉ、ＰＷ、ＳＷ、パターだけで十分。ＰＷはなくても良い

コースデビューに使うクラブを数本に絞っておくとプレーの進行が良くなるという利点がある

スタート前の準備①

ストレッチよりも体をグルグル回そう

どんなスポーツでも直前に必ず準備体操をして体を十分にほぐしておくように、ゴルフも準備体操は欠かせません。

ゴルフ場を歩くだけの軽いスポーツだなんて思い込んではいけません。スイングは体の回転運動ですから、体の捻《ひね》りや解放を何度も繰り返します。傾斜地のショットなどは体のバランスを維持しながらクラブを振らなくてはなりません。

18ホールも歩くと6～7キロにもなりますし、初ラウンドでは、プレーの進行を早めるために走らなくてはならない場面も生じることでしょう。そう考えれば結構な運動量となるわけで、ハードなスポーツといえるのです。

一般的には肩甲骨周り、股関節周り、首や手首、足首をほぐすストレッチが効果的と考えられていますが、筋肉や関節を無理に伸ばすと痛みが発生しやすいので、肩や腕、腰、脚など体の各部分をグルグル回す体操をお勧めしたいと思います。

広島カープの前田《まえだ》健太《けんた》投手がよくやっている「マエケン体操」のイメージです。胸を左右に回しながら、両腕を象の鼻のようにブランブランと回すのもいいでしょう。筋肉や関節を伸ばすのも悪くはありませんが、体のあちこちを回すほうが、ほぐれやすいのです。

体の各部をグルグル回す体操で体をほぐす

胸を左右に回転させながら腕を象の鼻のイメージで振るのも効果的

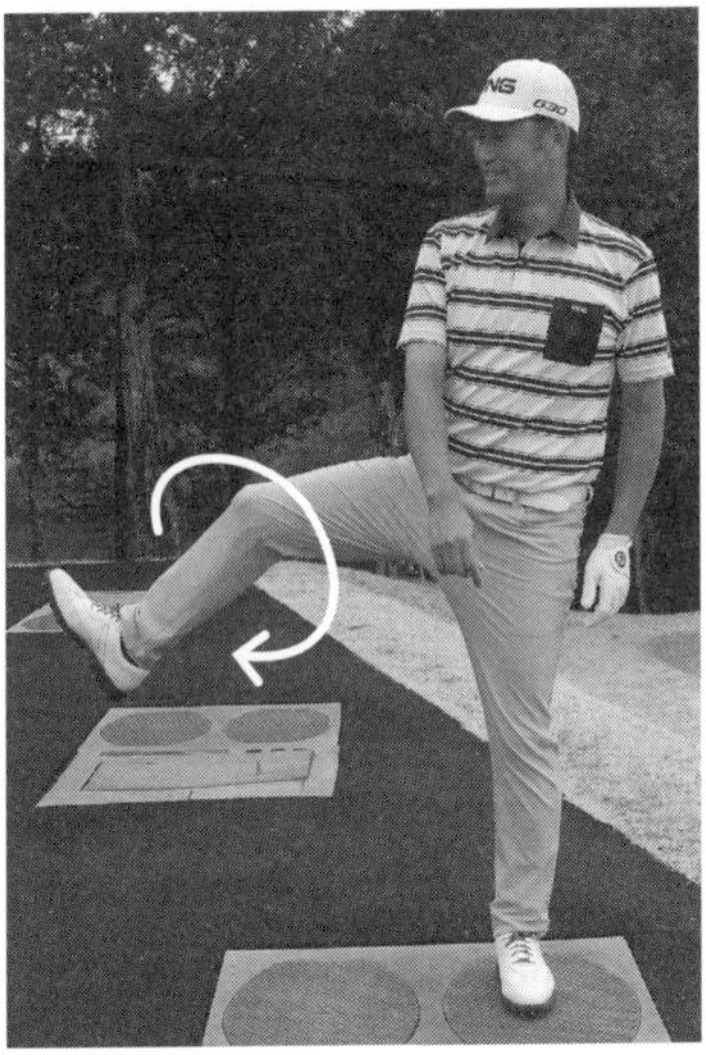

脚をグルグル回して股関節をほぐしておく

両腕を上下前後にグルグル回そう

スタート前の準備②

2つの素振りで正しいスイングイメージを思い出す

準備体操の次は素振りです。コース内にあるショットの練習場に足を運び、マットのある場所で素振りをしましょう。

普通にクラブを振るよりは、両腕を象の鼻のように振って、クラブが体の回転に振られる感覚をチェックするのがベターです。

そして、ボールを打ち始める前にインパクトゾーン素振りと水平素振りの２つもしておきましょう。

インパクトゾーン素振りでは、振り幅は腰の高さくらいで結構ですから、両手とクラブを体の正面に固定し、胸を左右に回転させます。腰の高さの振り幅においては、両手とクラブがつねに体の正面に保たれるようにチェックしてください。

水平素振りではアドレスとインパクトで右ヒジが軽く曲がっていて、クラブヘッドがインパクトエリアを通過してから両腕がターンする感覚を思い出すことです。これでスイングはかなり整った感じがするはずです。

もし、コース内に練習場がなければ、２つの素振りの回数を多めにこなして、正しいイメージを体に植えつけておきましょう。コース内は素振り禁止の場所が多いので、周囲に危険を与えない場所を選んで素振りをすることです。

ショットの練習の前に素振りをする

腰くらいの高さのインパクトゾーン素振りで、腕や手、クラブヘッドの正しい動きをチェック

水平素振りでアドレスとインパクトの右ヒジのポジション、インパクト後の両腕のターンを確認

スタート前の準備③

ショットの練習はウォーミングアップが一番の目的

ショットの練習に使う球数は、1コインで十分です。大抵《たいてい》のコースは1コイン24球です。**スタート前の練習は、スイングチェックが目的ではなく、ボールを打ちながら、体を入念にほぐすことを第一に考えてください。**

ゴルフ場までは車や電車でくるでしょう。ずっと座りっぱなしできたのなら、体が硬くなっています。準備体操や素振りで体をほぐしても、まだウォーミングアップが足りないのです。

最初からいい球が打てるなんて妄想を起こさないことです。当たらなくても当然ですから、何も焦ることはありません。

練習に使うクラブは5番ウッド、7番アイアン、9番アイアンの3本で十分です。24個のうちの最初の9球は9番アイアンで打ってウォーミングアップします。初めは3か4の出力で打ち、段々出力を上げて体を温めていきましょう。

残りの15球はコースで使う順番、つまり5番ウッド、7番アイアン、9番アイアンの順で打つ練習を5回繰り返しましょう。当たりが悪くても、狙った目標からそれほど外れていなければミスショットではありません。前に進むための1打が打てたと、ポジティブに考えてください。

スタート前のショットの練習はミスしても気にしない

1コイン24 球を有効に使って入念にウォーミングアップしよう

最初は小さい出力から打ち始め、徐々に出力を上げて体を温める。その際に、その日のマックスのスイングを把握しておこう

スタート前の準備④

練習グリーンで長い距離を転がしておく

ショットの練習だけで準備が完了ではありません。まだパットの練習が残っています。

スタート前はショットの練習も大事ですが、むしろ**パットの練習のほうがより重要**です。

クラブハウスの前にある練習グリーンに足を運び、長い距離を多く打っておきましょう。1~2メートルの短いパットの練習は自宅でもできますが、ロングパットが打てる機会はスタート前の練習グリーンしかありません。

ビギナーはもちろん、どんなゴルファーでも、3メートルよりも2メートル、2メートルよりも1メートルのほうが入る確率が高いわけで、1発目のロングパットをできるだけカップに近づけておくことに全力を注ぎましょう。

少ないパット数でホールアウトするには、ロングパットが決め手になりますから、方向よりも距離感をつかんでおくことが大切なので、まずはロングパットの練習です。

周囲の迷惑にならないように、まず練習グリーンの端から端までの最長の距離を2往復くらい打ちます。次にグリーンの平坦な場所を見つけて10歩の距離を歩測し、10歩ならどのくらいの感覚でストロークすればいいかをつかんでおきます。これを事前に実践しておくと、パット数のロスが防げます。

ロングパットの練習を必ずしておく

最初にできるだけ長い距離から打ち始めよう

10 歩を歩測し、距離感を合わせる感覚をつかむ練習をしておくと、パットの距離感のミスが少なくなる

ティショットは方向取りに気を配って打とう

さあ、いよいよスタートです。迎えたコースデビューの記念すべき第1打の場面です。スタートホールは周囲の目もあるし、「上手く打てるだろうか」とか「空振りしないだろうか」といった不安感と、「いいショットを打ちたい」という自らへの期待感で、緊張はマックスに達しています。

そんな場面でビギナーの多くは大抵空振りをしてしまいます。良くてチョロかダフリといったところでしょう。

なぜこうした結果になるかというと、「きれいな球を打ちたい」という意識が過剰になって、すくい上げてしまったり、打ち急ぐためにタイミングが速くなってインパクト前に顔が早く上がったり、上体が伸びたりするからです。精神的に舞い上がってしまい、練習どおりのスイングができなくなってしまうわけです。

アライメントの意識を持てば緊張が和らぐ効果がある

もうひとつの原因として、アライメントの意識の欠如もあげられます。スイングのことはとくに考えなくても、目標意識をしっかり持ってボールを打つことを実行すれば、こうした失敗は少しは防げます。

スタートホールのティショットは、ゴルフを何年やっていても緊張するものです。でも、目標を意識してアドレスをつくることや、狙ったターゲットに対して体を正しく向けて構えることを練習で習慣づけておけば、コースに出たときもアライメントの意識によって緊張感を和らげる効果があります。

スタートホールだけでなく、どのホールでもアライメントの作業を実行することでティショットの成功率が上がるのです。

目標を見ながら素振りして アドレスに入るのがコツ

第３章のＰ.１１４で解説したアライメントの練習を思い出してください。コースには練習場のマットのような方向を示すものが何もないのですから、アライメントの練習で培った感覚を存分に活かすしかありません。

ボールをティアップしたら、ボールの真後ろから目標を眺めて、「あそこに打とう」と自分で狙いを定めます。そして、ボールと目標を結ぶターゲットラインをイメージします。ターゲットラインは１本の線を想定しますが、その場所に縦に長いカーテンがボールから目標まで続いているとイメージするのも良いかもしれません。

次に目標を見たまま、腰くらいの高さのインパクトゾーン素振りを繰り返しながら、ボールに近づきます。こうしてフェース面をターゲットラインと直角に合わせてからアドレスの姿勢をつくるという手順を心掛けてみてください。

5番ウッドでティショット

ボールの後方から目標を見てターゲットを決める

5番ウッドのティショットでは、ティアップが高くなりすぎないように注意。ボールが芝から少し浮くくらいの高さが理想だ

アライメントがショットの成功のカギ

目標を見たままでインパクトゾーン素振りを繰り返し、そのままアドレスに入っていく

最初にフェース面を目標に真っ直ぐ合わせて、両手をグリップし、スタンスの位置を決めてアドレスができ上がり

自分のマックス以上のスイングは絶対にしないこと

ティショットに限らず、どこから打つときもボールを前に転がすつもりでスイングしましょう。ボールを上げようとすることがスイングをおかしくしてしまう一番の要因ですから、クラブを絶対に下からすくい上げてはいけません。

池越えや谷越えの場面も、ときにはあるかもしれません。一番距離の出るのは5番ウッドですが、キャリーを１５０ヤード以上出さないと越えられない状況の場合、初ラウンドの人には実質的に無理ですから、その場合は前から打たせてもらうようにしましょう。

トライしてみたいのであれば、「谷底に行ってしまえ！」くらいの気持ちでスイングしてください。高く上げようとした瞬間、結果が見えています。

ミスが続いて出るときは額を固定するつもりでスイング

空振りやダフリ、チョロなどを防ぐにはショット前の素振りが大事です。インパクトゾーン素振り、または水平素振りで正しいスイングイメージを確認してから打つようにしましょう。

ダフリやトップなどのミスが続いて出たり

するときは大概、目線が上に上にとなっています。インパクト前に顔が目標を向いたり上体が起きたりしているため、クラブフェースが構えた位置に戻ってこないのです。

そんなときは構えたときの景色が変わらないように打ちましょう。P.94で紹介した、額を壁につけて胸を左右に回す練習の要領で、アドレスしたときのボールを取り巻く景色をインパクトまでキープするつもりでスイングすれば、クラブヘッドの軌道のブレが少なくなり、きちんと当たる確率が上がります。

何かテーマを決めて初ラウンドに臨もう

自分なりに何かテーマをひとつ見つけてラウンドに臨むのも良いことです。テーマとは、練習場でつかんだチェックポイントのことなどですが、テーマは2つも3つもいりません。

たとえば、左肩を支点にしてクラブを振る感覚などです。この感覚でスイングした結果、空振りしたりチョロしたりしても、自分を許すことです。上手く当たったら、自分を褒めて、気分よく次のショットの場所に向かいましょう。

このように自分のテーマを決めてラウンドする経験を積むことが、今後の上達に直結します。チェックポイントが多すぎるとかえっ

ボールを上げようとしたり、クラブを振り回したりするとミスが続いてしまうことになる

て自分を縛ることになり、スイングが萎縮してしまいますから、ひとつだけに絞るようにします。

空振りやダフリとなるのは大半はクラブの振りすぎが原因

もうひとつ、心掛けて欲しいのは**自分のできることだけをする**ということです。練習場でもしたことのないプレーはせず、スイングの出力を上げすぎてもいけません。

普段の練習では自分のマックスが7の人でも、その日の体調やコンディションによって6の出力までしか振れない場合もあります。スタート前の打球練習や、素振りなどで「今日は6までしか振れないな」と感じたら、6のスイングをマックスと考えて、それ以上のスイングは絶対にしないことです。

8とか9で振るべきではないし、「思い切りスイングしなさい」といわれたところで10のスイングをしたら、それこそ空振りしてしまいます。「ガンバレ、ガンバレ」とどんなに励まされたって、自分を見失ってはどんどん悪循環に陥ります。

トップオブスイングが5なら、フィニッシュも5でいいのです。5のトップオブスイングから10のフィニッシュへと向かおうとするとスイングのバランスが崩れて、インパクトがなくなってしまいます。5のフィニッシュでも体勢が崩れなければ、カッコいいスイングです。

コースデビューの一番の成功術は、「己を知る＝自分を見失わない」ということを忘れないことです。

マックス以上のスイングを絶対にしない

その日の体調や調子に合ったマックスの出力をスタート前の練習で把握しておこう

6くらいの出力に抑えて、無理なくスイングすればミスが防げる。6のフィニッシュだってきれいに決まれば格好よく見える

傾斜地ではバランス感覚を第一に考える

ゴルフ場と練習場の一番の違いは、ゴルフ場には平坦な場所がほとんどない点です。ティグラウンドは基本的には平らですが、ティショットを打ち終えてボールをカップインするまで様々な傾斜に遭遇します。ボールがフェアウェイ上にあっても、平らとは限らないのです。

フェアウェイでも傾斜地になっていたらトラブルショットと考えてください。

傾斜地では7Iより長いクラブを持たない

傾斜には大きく分類してツマ先上がり、ツマ先下がり、左足上がり、左足下がりの4種類があります。構え方や打ち方はそれぞれ違いますが、下記のようにいくつかの共通点がありますから、頭に入れておきましょう。

・7番アイアンよりも長いクラブを持たない。グリーンまでが遠ければ7番アイアン、比較的近ければ9番アイアンを使う
・スタンスを広くして安定感を出す
・高い側にボールを1個分寄せる。左足上がりなら高いほうの左足側に、左足下がりなら高いほうの右足側にボールの位置を1個分ずらして構える
・打つ前に素振りし、バランスが保てるよう

な構えの姿勢と振り幅を感じ取る
・基本的には肩よりも下の振り幅でスイングすることを心掛ける

フィニッシュが崩れないスイングをすることが大切

次にそれぞれの傾斜地のアドレスとスイングのポイントを説明します。

・ツマ先上がりはボールから少し離れて立ちます。打つ前に水平素振りを数回繰り返して感じをつかみ、ティアップしているボールを水平素振りの要領で、横から払い打つイメージでスイングします
・ツマ先下がりは、クラブヘッドがボールの位置に届くまでスタンスを広げて腰を十分に落とします。インパクトゾーン素振りの感覚で出力を無理に上げずに打ちましょう
・左足上がりは低いほうの右足に体重を多めに乗せておき、右足体重のままでインパクトゾーン素振りの感覚で打ちます
・左足下がりは低いほうの左足に体重を多めに乗せて構え、左足体重のままでインパクトゾーン素振りのイメージで打ちましょう

とくにツマ先下がりにいえることですが、スタンスを広くとるとクラブが大きく振れません。バランスが崩れないようなフィニッシュをつくることが大切で、出力は3や4でも一向に構いません。

傾斜地では距離を出そうとしてはいけません。グリーンまで届かせようとしてクラブを振りすぎるとバランスを崩して、空振りやチョロなどを誘発します。バランスをしっかり保つことに集中しましょう。

ツマ先上がりの斜面はボールから少し離れる

スタンスよりもボールが高くなった傾斜地では、平地と同じように構えるとダフリとなる

クラブが振りやすいように、ボールから少し離れて構えるのがポイント

打つ前に水平素振りをして感じをつかもう

1

2

3

ツマ先上がりはティアップしたボールを打つ感覚となる。アドレスに入る前に水平素振りを繰り返して、横から払い打つ感じをつかんでおくといい

ツマ先下がりの斜面は腰を十分に落とす

スタンスよりもボールが低い傾斜地では、平地と同じアドレスではクラブヘッドがボールに届かず、空振りしてしまう。クラブヘッドがボールに届くような体勢をつくることが大切

ヒザを深く曲げて腰を落とし、スタンスをうんと広くして下半身の安定感を出そう

打つ前にインパクトゾーン素振りで感じをつかむ

広いスタンスなら肩の高さよりも大きく振れないが、その程度の出力に抑えておけばスイングのバランスが崩れない。イメージをつかむにはインパクトゾーン素振りが効果的

左足上がりの斜面は右足体重に構える

左足が右足よりも高い傾斜地では通常のアドレスよりもスタンスを広めにし、両肩を斜面と平行にセット。自然に低いほうの右足に体重が多く乗る。ボールは通常よりも1個分左

下半身のバランスが保てる振り幅でスイング

スイングの出力を無理に上げないで、肩よりも下の振り幅でスイングしよう。右足体重のままで傾斜に沿ってスイングするイメージだが、ボールを上げようとしないこと

左足下がりは左足体重に構える

右足よりも左足が低い左足下がりの傾斜地も通常よりスタンスを広めにし、肩を斜面と平行にセットして左足体重に構える。ボールの位置は通常よりも1個分右となる

フォロースルーを低い位置に止めるのがコツ

左足上がりと同様、打つ前にインパクトゾーン素振りでバランスを保てるスイングの感覚をつかんでおくといい。左足体重のままで、ボールを低く打ち出す気持ちでスイングしよう

ラフからは9Ｉよりも長いクラブを持たない

ラフはフェアウェイよりも芝が少し長くなっていますが、慌てないことです。現在では一般営業のゴルフ場はプレーの進行を早めるために、ラフの芝を短めに刈っているところが多く、フェアウェイからのショットと比べて相当難しいということはあまりありません。

ボールが低くティアップしたように、少し浮いた状態になっているケースが多く、案外打ちやすくなっています。

ただし、ラフである以上はインパクト時の芝の抵抗がやや強くなっていて、クラブが振り抜きにくくなります。なのでラフでは、ロフト角が大きめでボールが上がりやすい9番アイアンを使いましょう。7番アイアンや5番ウッドは避けることです。

ピッチングウェッジやサンドウェッジも入れておくのなら、ウェッジでも構いませんが、9番アイアンを中心にしてショットの練習を積んできたのであれば、すっかり馴染んだ9番アイアンで打つのがベストです。

そして、スイングの出力を少し落としてバランスよく振ります。上から鋭角に打ち込んだり、上げようとしたりしてはいけません。本当はクラブを短く持つのがいいのですが、スイングのメカニズムが変わって難しく感じられますから、いつもの長さで持ちましょう。

ラフからのショットの注意点

アドレスはフェアウェイの平坦な場所から打つときと同じ姿勢でいい

ラフといっても芝がかなり長いラフは少なくて、大抵は短めに刈られている。ボールが少し浮いた状態になるケースが多い

フルスイングはしないで、振り幅を少し抑えたスイングで対応しよう

フェアウェイバンカーからは9Iで確実に脱出

フェアウェイバンカーはフェアウェイとラフの境目付近に設けられた障害物で、ここからのショットもトラブルショットのひとつです。

この場合も5番ウッドや7番アイアンなどシャフトが長めのクラブは持たないで、9番アイアンを使いましょう。

フェアウェイバンカーから1回で出すことが先決ですから、グリーンまでがどんなに遠くても距離を出そうとして振り回してはいけません。

バンカーは砂地のため、足場が不安定です。そこで下半身がよろけてしまうほど大きく振っては空振りや大ダフリになってしまうのです。

基本的にアドレスとスイングは何も変えなくて結構です。バンカーに入る前にインパクトゾーン素振りを繰り返し、スイングの出力を少し落とすイメージを持っておくと効果的です。

インパクトポイントが極端にずれさえしなければ、仮に手前をダフっても30～40ヤードは転がってくれます。

10ヤードも進めなかったら落胆しますが、フェアウェイバンカーからグリーンに向かって30ヤード以上も前に進めたら大成功です。

フェアウェイバンカーの注意点

フェアウェイバンカーは足場が不安定。下半身のバランスを最後まで保てるようなスイングを実行しよう

距離を出そうとして、自分のマックス以上のスイングをしてしまうと、まともに当たらない

足早に歩くことが大事だが、スイングは「ゆっくり」を心掛ける

コースデビューのときは万事が上手く運ばず、安定したプレーなんてなかなかできないものです。ゆっくりと歩いていられる時間もあるかもしれませんが、おそらくは走っている時間のほうが多いことと察します。

むやみやたらに走り回らなくても結構ですが、できるだけ先行することを心掛けましょう。ゴルフは目標から一番遠い人から打つと決まっています。初ラウンドの人は、ティショット以降は、一番先に打つケースが絶対的に多くなります。

一番先に打つだけでなく、左右のラフや林からのショットも多いでしょうから、他のプレーヤーの妨げにならないように十分に配慮しつつ、つねに先回りすることが大切です。

ただし、走って自分のボールの場所に行った直後に、慌てて打つのはやめましょう。呼吸が整わず、気持ちが焦っているままでスイングしてはリズムやタイミングが速くなり、ミスを繰り返すことになります。

ショットを打つ前に「イチ、ニ」と、鼻から吸って口から息を吐く呼吸を数回繰り返して気持ちを落ち着かせましょう。

プレーの「間」だけでなく、スイングの「間」も取れるようになり、ミスの連鎖反応を断ち切ることができます。

5W、7Ｉ、9Ｉの3本を持ち、次の地点に足早に向かう

ショット用の3本のクラブを持ち、他のプレーヤーから遅れないように配慮しつつ、次に自分が打つ場所に向かおう。ただし、自分がショットするときは、呼吸を整えてから打つことが大切

林からは7Iのアプローチでフェアウェイに戻そう

ティショットなどで運悪く林の中に打ち込んでしまったときは、ボールをいったんフェアウェイに戻すことが先決です。

グリーンの方向を見たら、木と木とのスペースが狭く、枝が左右に張り出していて脱出が困難と判断した場合、グリーンの方向に打つのは断念してください。

グリーンが見えているからといって、狭いルートの方向に打ち出せば、ボールを木に当てて、さらに林の奥まで飛んでしまい、完全に脱出不可能な最悪の状況を招くことも起きます。

グリーンの方向は見ないで、木と木の間が広くなっている場所を探しましょう。真横よりも後ろ側に広いスペースがあるのなら、たとえティグラウンド方向に戻ってもいいですから、フェアウェイへと安全確実に脱出できそうな場所を選択することです。

構え方と打ち方ですが、この場合は7番アイアンを使った「パット式アプローチ」が最善策といえます。P.128で解説した、ボールの近くに立ち、ヒールを軽く浮かせて構え、パットの要領でスイングするアプローチです。

9番アイアンですとボールが思いのほか高く上がりすぎて、木の枝などに当たってしまう可能性があります。

その点、7番アイアンなら低い角度でボールを出しやすい上に、20～30ヤードは転がってくれますからフェアウェイまで十分に届きます。

林の中は芝がなくてボールのライが良くない場所が多いものですが、ヒールを浮かせておけばダフリの心配がなく、ビギナーでも成功率が高い打ち方なのです。

グリーンの方向に打とうとして、木と木の間が極端に狭くなった場所を狙うとスコアを大きくロスしてしまう

真横または後方を見て、木と木の間が広くなっている場所からいったんフェアウェイに戻し、次のショットにつなげよう

パット式アプローチの要領でヒールを浮かせる

クラブヘッドのソールを全部つけた
状態からヒール側を少し浮かせる

両手をパットと同じように握り、
ボールの近くに立ってクラブを
吊るし気味に構える

パットのイメージで打つから簡単に脱出できる

ヒールを最初から浮かせておけば、林の中のようなライが良くない場所でもダフリの不安がない

両手をパットと同じように握れば手首を固定しやすく、ボールを正確にヒットできる。ビギナーでも簡単に打てるのが利点だ

ＯＢや池、崖など打ってはいけない場所を避ける

ゴルフ場にはＯＢや池、崖、林、急斜面など、ボールを打ち込んでしまうとスコアを大きく崩してしまう危険な場所が多くあります。ティグラウンドに立ったら、ホールのロケーションを見て、目標設定の優先順位を考えることが大切です。

ＯＢは１罰打を加えて打ち直さなくてはならないので、絶対に回避しておきたい区域です。池も打ち込んでしまうと１打損しますから、２番目に避けたい場所です。

こうして考えてみると、いつもフェアウェイの真ん中ばかりを狙うよりも、コースの右側に打つほうが危険が少ないのか、あるいは左側のほうが安全なのかの判断がつきやすくなります。

右と左のどちら側を狙うかを決めたら、今度は目標を一点に絞りましょう。「あのフェアウェイとラフの境を狙う」とか、「あのバンカーの縁の方向に打つ」「あそこに見える木に向かって打とう」などと、目標を具体的に設定するのです。

「フェアウェイに飛べばいいや」とか「大体あの辺に行けばＯＫ」などと安易に考えて目標設定を曖昧《あいまい》にしておくと、アライメントが狂いやすく、ショットの方向性が安定しにくくなります。一点に絞った目標を見ながらイ

ンパクトゾーン素振りを繰り返し、アドレスをつくるようにするとショットの成功率がアップします。

　グリーンに打つ場合も、基本的にはピンがどこに立っていようとグリーンの真ん中を狙うのがセオリーです。

　しかし、最初のうちはショットが左右に散らばる傾向が強いでしょうから、グリーンの右サイドにバンカーがある場合は、左端のグリーンエッジを狙うとか、グリーンの左サイドに池があるなら右端のグリーンエッジの方向に打つなど、危険な場所の逆サイドに目標を設定するのがベターでしょう。

　要はグリーンを外してもいいですから、ミスしても安全な場所に打っておくということがとても大切なのです。

フェアウェイの真ん中を向くだけではダメ。ホールロケーションを確認して、フェアウェイの右サイドと左サイドのどっちが安全かを判断してから打つ

グリーン周りからは徹底して転がすことを考える

グリーン周りからのアプローチでは、９番アイアンを使用した「パット式アプローチ」を実行しましょう。

一般的にアプローチのテクニックには、ボールを低く転がすランニングアプローチ、ボールを上げて転がすピッチエンドラン、ボールを上げて止めるピッチショット、もしくはロブショットなどがあり、グリーン周りの状況に応じて使い分けます。

クラブも９番アイアンだけでなく、ＰＷやＡＷ、ＳＷの３本のウェッジも使います。

でも、それは経験を通して少しずつ覚えていくことであり、コースデビューからいきなりやろうとしても無理があります。

30ヤード以内であれば９Ｉ、30ヤード以上は７Ｉを選択する

グリーン周りには芝が薄い場所やディボット跡、ラフなどボールを正確にヒットしにくい状況がとても多く、状況に即した構え方や打ち方の判断は、経験をある程度積んでからでないと難しいのです。

だからこそビギナーは、グリーン周りの状況にあまり左右されずに打てるパット式アプローチを一貫して通すのが、スコアを安定さ

せるポイントです。

グリーン周りからは、転がせる状況なら徹底して転がすのがアプローチの鉄則ですから、パターの要領でスイングするだけでいいパット式アプローチは、まさに打ってつけです。

ボールがグリーンエッジの近くにあり、パターで転がせるのなら迷わずにパターで転がしましょう。ピンまで30ヤード以内なら9番アイアン、30ヤード以上あれば7番アイアンを使うことをお勧めします。

転がす意識でアプローチの基本が早く身につく

アプローチの距離感をマスターしていくのはこれからですから、ピンの近くに寄せるのは二の次として、次打でパターが使えるように悪くてもグリーンに乗せておくことだけを考えましょう。

グリーンエッジから少し離れた位置にボールがあるとボールを上げたくなりますが、ボールはクラブのロフト角によって自然に上がるのですから、絶対に上げようとしないで、最初から低く転がす気持ちでスイングすることです。

9番アイアンで打てば、クラブのロフト角によりボールがやや低い角度で上がり、グリーンに乗ってから転がっていくことがわかります。これがピッチエンドランの打ち方そのものなのです。

バンカー越えなどどうしても上げなくてはならない場合は、バンカー越えをせずグリーンに乗せられる方向を狙うようにして、できるだけ転がすようにしましょう。

上げようとするとザックリやトップが生じ、グリーンに乗せることもできなくなる

アプローチの基本を正しく理解するためにも、できるだけ低く転がすことを考えよう

目標方向を見ながら手やクラブを低く振って、感じをつかんでからアドレスに入ると効果的

ビギナーはパット式アプローチで通そう

パターと同じ握り方だから手首を固定しやすい

フォロースルーではクラブを低い位置に止める

パットの感覚でスイングするだけなのでシンプルで、ボールを正確にヒットしやすい

バンカーもパット式アプローチの要領で一発脱出

　バンカーショットでは、サンドウェッジのフェース面を開き、オープンスタンスに構えます。そして、スタンスの向きに沿ってアウトサイドインの軌道でボールの手前にクラブヘッドを入れて、周りの砂ごとカットに打ち抜きます。こうすることで砂の爆発力を引き出し、ボールがフワッと舞い上がるわけです。

　という具合に、ビギナー向けの本でも一般的レッスン書でも、バンカーショットの打ち方を説明しています。

　でも、そのように教えられたところで理解できるでしょうか。

　ゴルフの経験が長い人の中にもバンカーショットを苦手とする人が多くいますが、私が思うには難しい打ち方をしようとするところに問題点があるのです。

バンカーから出すだけなら難しいテクニックはいらない

　フェースを開き、オープンスタンスに構えて、カット軌道でボールの周りの砂を打ち抜くテクニックも、バンカーが上手くなる過程の中では確かに必要です。でも、それはピンの近くに寄せるための手段であって、バンカーから1回で出すだけならそんな複雑なテクニックはいりません。

ビギナーでもバンカーから1回で出す方法は、9番アイアンのパット式アプローチしかありません。この打ち方が安全でやさしい打ち方なのです。

バンカーショットでサンドウェッジを必ず使わなくてはならないのは、ボールを高く上げたいときと、ピンが近くにあり距離を抑えたいときくらいのもので、別にサンドウェッジを使わなくても脱出できますし、フェースを開いたりオープンスタンスに構えたりしなくてもいいのです。

パット式アプローチで砂を横から払い打とう

アプローチショットをするときと同じように、9番アイアンのヒール側を浮かせて構えましょう。

バンカーの場合はクラブヘッドを砂につけて構えるとペナルティになるので気をつけましょう。クラブが砂に触れないようにヒール側を少し持ち上げるように構えてください。

そして、手首を固定したままで、腰くらいの高さでスイングします。バンカーショットが苦手な人は、「上から打ち込め」という教えを忠実に守ろうとして、クラブがスムーズに振り抜けない傾向が多く見られます。別に上から打ち込む必要なんてどこにもなくて、横から砂を払い打ちすればいいのです。

9番アイアンならそんなに大きく振らなくていいですし、ヒール側を浮かせているから砂が薄く取れても飛びすぎる心配もありません。何よりもパターと同じスイングですから、とてもシンプルな動きになります。

ピンのほうに打とうとして、前方に見えるバンカーのアゴ（縁）が腰よりも高ければ、サンドウェッジを持ち、同じようにパット式アプローチで打ちましょう。

アゴが高くても絶対にすくい上げてはいけません。サンドウェッジをパターのように振れば、ロフト角によってボールが高い角度で上がると信じて、最初から低く転がす気持ちでスイングすることが大切です。

前方のアゴが自分の背丈よりも高くてピンが見えないようなら、横を向いてアゴの低い場所に出しましょう。

バンカーはコースデビューの人にとっては未体験ゾーンですが、この打ち方をしておけばバンカーから十分に出せることを体験できるでしょう。

バンカーのアゴが腰よりも低ければ９Ｉでいいが、腰よりも高い場合はＳＷで打とう

シンプルな打ち方でバンカー脱出

1　2

バンカーショットもパターのように振るだけのシンプルな動きで対応しよう

3　4

パット式アプローチで砂を横から払い打てば簡単に出せることを実感できる

短いパットはボールの線を活用しよう

ショットやアプローチが思うようにいかなくても、パットのミスをできるだけ少なく抑えれば、スコアがまとまりやすくなります。

ロングパットは距離感優先、ショートパットは方向性第一とよくいわれるように、パット数のロスを食い止めるには、ロングパットを自分のできる範囲でカップに近づけておき、セカンドパットを確実に入れることに尽きます。

スタート前には必ず練習グリーンに行き、練習グリーンの端から端までの最長の距離を転がし、次に歩測して10歩の距離を練習しておくことが大切です。

10歩くらいの距離と、それ以上の距離の練習をしてロングパットの感じをつかんでおくだけでも、5メートル以上も手前にショートしたり、5メートル以上もオーバーしたりするミスをかなり減らせるはずです。

カップを見たままで素振りし、距離感のイメージをつかんでおく

ともかくロングパットは距離感が最優先ですから、アドレスの前にカップを見ながら素振りを繰り返し、距離感のイメージを高めましょう。

この距離感というのは、ボールを右手で転がすような感覚です。

たとえば野球のキャッチボールでは、相手が近くにいれば腕をそっと振って、ボールを軽く投げるでしょうし、相手が遠くなれば腕を大きく速く振って、ボールを勢いよく投げます。

それと同じでパットの距離感は、ボールが転がるスピードをイメージし、腕やパターをどのくらいの速さで振り、どのくらいの振り幅でストロークするかにかかっています。

距離感が漠然としたまま、「このくらいかな」とストロークしても距離はまったく合いません。

カップを見て素振りし、目で見た感覚を働かせて、「このくらいかな」と自分で目星をつけるのです。経験が浅いうちは距離感がなかなか合わないでしょうし、感覚には個人差があるので、最初はできなくてもいいですから、**必ず目標を見て距離感をイメージする作業を心掛けてください。**

短いパットはボールを置くときにボールの矢印や線をカップに向ける

1〜2メートル以内の短いパットの場合は、方向性を重視します。ということはフェース面をカップに真っ直ぐ向けて構え、インパクト後もフェースをカップの方向に出すことが一番の決め手となります。

現在では細長い矢印が刻印されているボールも出回っていますし、自分でボールに線を記入しているゴルファーも多くいます。

そこで、**方向の正確性を向上させるために、**

ボールを置くときに矢印や線をカップに真っ直ぐ向けることをお勧めします。線を合わせる作業が方向の確認になりますし、イメージが明確になる効果もあります。

　ストロークの際にはインパクト後にパターヘッドがカップと重なって見えるように振りましょう。「パターヘッドをカップインさせるイメージ」とプロたちはよくいいますが、その感覚によって短いパットの打ち損じを減らすことができるはずです。

　ボールをカップインさせたら、そのホールの合計の打数とパット数を記入します。スコアカードの有効活用法として、ティショットがフェアウェイに飛んだとか、2パットで上がれたとか、自分で何かテーマや目標を決めておいて、達成できたホールには○を書き込んでおきましょう。何か自分を褒めてあげるための要素をつくっておくと、初ラウンドの楽しさを見出すことができます。

ロングパットは距離感を第一に考えよう。アドレス前の素振りを繰り返し、感じをつかんでからストロークするといい

ショートパットのカップイン率を上げる

ショートパットはボールに刻印された矢印や線をカップに向けると方向感覚が高まる効果が高い

フォロースルーでパターヘッドがカップに重なって見えるのがいい

インパクト後にフェースをカップに向けて真っ直ぐ出そう

Q&A

コースデビューまでに準備しておくこと

Q クラブは何本持てばいい？

A 初心者向けにハーフセットがありますが、コースデビューには５番ウッド、７番アイアン、９番アイアン、ピッチングウェッジ、サンドウェッジ、パターの６本あれば十分です。ピッチングウェッジを省いた５本でも構いません。

Q どんなキャディバッグを選べばいい？

A ハーフセットのクラブとキャディバッグがセットになっているものが出揃っていますから、それを購入するといいでしょう。デザインは豊富に揃っていますが、電車で行く場合もあることを考慮して軽量のものを選ぶといいでしょう。

Q 自分に合ったクラブの選び方は？

A 最初は初心者でもやさしく打てるようなクラブがお勧めです。会社の先輩や上司にゴルフショップに同行してもらったり、ショップの店員さんに訊ねたりするのがいいでしょう。いきなり高価なクラブは買わないで、中古のクラブを購入することも考えましょう。

Q ボール、グローブ、シューズの選び方は？

A ロストボールを持っていくのも構いませんが、新品のボールを持参しましょう。古い型なら新品でも格安になっています。グローブは自分の手にぴったりと合ったものを選ぶようにし、大きすぎるグローブは避けましょう。シューズはソフトスパイクが一般的ですが、軽すぎないものを選ぶようにすることです。

Q 練習場で注意することは？

A 練習場の通路で素振りをしないことと、グリップが滑ってクラブを飛ばさないようにするためにグローブをはめましょう。運動しやすい服装とゴルフシューズで練習することも忘れずに。

Q 打席の選び方や料金について？

A ボールを上げようとする癖をつけないためには２階の打席を勧めます。料金は１００球打つとして１５００～２０００円するところもあれば、５００～６００円程度のところもあります。数百円の入場料が必要だったり、プリペイドカードを最初に購入するなど練習場によってシステムはまちまちなので、フロントに訊ねましょう。

Q&A

ゴルフ場で注意すること

Q ゴルフ場のプレー代はいくら？

A 格安のコースなら平日で６０００円くらい、土・日曜・祝日で１万円前後でプレーできるところもあります。平均すると平日では昼食付き１万円前後、土・日曜・祝日で１万８０００円前後といったところですが､格式の高い名門コースとなると平日でも２～３万円します。インターネットのゴルフコース予約サイトを活用すると割引の得点が受けられます。

Q どんな服装で行けばいい？

A コース入りの際にはジャケット着用が原則ですが、最近では服装に厳しいゴルフ場は少なくなりました。ただし、襟《えり》付きのシャツにズボンといった無難な服装を心掛けてください。ＴシャツやＧパン、サンダル履きでは入場できません。

Q これだけは知っておきたいゴルフのルールは？

A 空振りも１打と数えることです。ゴルフをまったく知らない人は、ボールに当たらなかったら勘定しなくていいと思いがちですが、打つ意志を持ってスイングした結果、空振りしたら１打となります。でも、初ラウンドの際は「ごめんなさい。空振りは打数に入れなくていいですか？」とノーカウントの許しをもらっておきましょう。

Q 打つ順番は？

A ティショットは前ホールのスコアが良かった順に打ちます。セカンドショットはピンに遠い人から打ちます。初心者は、ボーっと見ている人が多いのですが、誰がピンに近いかを見ておき、自分の順番を確認しましょう。また、危険ですから、打つ人より前方に出てはいけません。

Q これだけは知っておきたいゴルフのマナーとエチケット

A 第一に大声を出さないこと。そして、２つ目はこれから打とうとするプレーヤーの視野に立たないように配慮し、つねに背後にいるようにしましょう。ビギナーはセカンドオナーになることが多いことを想定して、グループの先頭を歩くようにすることが大切ですが、その際にも周囲のゴルファーに気を配ってください。みんなに嫌がられるこの２つだけは絶対にしないことが最優先です。

おわりに

初ラウンドを経験し、2～3回とラウンドの経験を積んだ方に、将来はどういう方向にゴルフを楽しんでいけばいいかを、最後にアドバイスしておきたいと思います。

今後はドライバーの練習もするようになるし、アイアンのセットを揃えたりもすることになるでしょう。スイングの出力を上げていったり、アプローチやバンカーの色々な打ち方を覚えたり、テクニック面の様々な習得があるはずです。

色々な練習を試したり、知識を吸収したりすることになると思いますが、その一方で余分なことを詰め込んでしまう危険性があります。一生懸命に練習しているのに、なかなか上手くならないと感じたら危険信号です。ゴルフがわからなくなったら、ゴルフの原点である本書に戻って、もう一度おさらいしてください。

原点に戻れば、必要最低限の実行すべきことや、これだけを守っていれば大丈夫であることが見えてきます。その繰り返しで一歩一歩着実に上達していってください。

最後になりましたが、新装版の出版にあたり、河出書房新社の稲村光信さん、構成者の三代崇さん、菊池企画の菊池真さんには多大なるご協力を頂きましたことに感謝いたします。ありがとうございました。

中井 学

中井学（なかい　がく）

◆プロフィール

1972年（昭和47年）大阪府生まれ。14歳からゴルフを始め、高校3年時に日本ジュニア出場。その後アメリカに留学。シトラスコミュニティカレッジ（カリフォルニア州）では大学選抜として活躍。永住権を得られず、アメリカでのプロ転向を断念し1997年帰国。2003年よりプロコーチ活動開始。これまでに数多くの選手の初優勝、初シード入りに貢献する。ツアーに帯同する傍ら、2009年より本拠地を東京に移しレッスンを展開。プロ、アマ問わず、多くの悩めるゴルファーの駆け込み寺となっている。『【図解】シンプルゴルフのすすめ 本当に必要なことはたったコレだけ！』『誰もいわなかったシンプルゴルフのすすめ』『誰もいわなかったゴルフはアドレスが9割』（以上 河出書房新社）、『ゴルフがいきなり上手くなる素振りレッスン』『ゴルフは飛ばなきゃつまらない！』『DVDつき 中井学の超ゴルフ学（全4巻）』（以上 主婦の友社）、『ゴルフ パットシングルになる！』『ゴルフ 100ydシングルになる！』『ゴルフ ティショットシングルになる！』『強い球で飛距離が伸びる！ ヒップターンスイング』（以上 池田書店）、など著書多数。UUUM所属。

■本書は2015年6月小社刊『誰もいわなかった ゴルフの基本』を新装したものです。

新装版 誰もいわなかったゴルフの基本
―本当に必要なことはたったコレだけ!!―

二〇一五年六月三〇日 初版発行
二〇二〇年一一月二〇日 新装版初版印刷
二〇二〇年一一月三〇日 新装版初版発行

著　者……中井 学

発行者……小野寺優

発行所……株式会社河出書房新社
〒一五一―〇〇五一 東京都渋谷区千駄ヶ谷二―三二―二
電話〇三―三四〇四―一二〇一（営業） 〇三―三四〇四―八六一一（編集）
http://www.kawade.co.jp/

構成……三代 崇
撮影……富士渓和春
協力……浜野ゴルフクラブ（千葉県）
装丁……原沢もも
ブックデザイン……菊池企画
編集・組版……菊池企画
企画プロデュース……菊池 真

印刷・製本……三松堂株式会社

Printed in Japan ISBN978-4-309-28836-9

ISBN：978-4-309-28789-8